Riga

Christiane Bauermeister, Autorin für Fernsehen und Printmedien, kennt Lettland seit Jahrzehnten. Immer wieder zieht es sie in die lettische Hauptstadt, über die sie bereits viele Reportagen verfasst hat.

 Familientipps
 Diese Unterkünfte haben behindertengerechte Zimmer

Preise für ein Doppelzimmer mit Frühstück:
€€€€ ab 100 Ls   €€ ab 50 Ls
€€€ ab 70 Ls   € bis 50 Ls

Preise für ein dreigängiges Menü ohne Getränke:
€€€€ ab 40 Ls   €€ ab 15 Ls
€€€ ab 20 Ls   € bis 15 Ls

Inhalt

Willkommen in Riga 4

⭐ **MERIAN-TopTen**
Höhepunkte, die Sie sich nicht entgehen lassen sollten............. 6

⭐ **MERIAN-Tipps**
Tipps, die Ihnen die unbekannten Seiten der Stadt zeigen........... 8

Zu Gast in Riga 10

Übernachten	12
Essen und Trinken	16
grüner reisen	24
Einkaufen	28
Am Abend	34
Feste und Events	40
Familientipps	44

◄ Diese schmucken Häuser in der Altstadt
sind als die Drei Brüder (▶ S. 55) bekannt.

Unterwegs in Riga — 48

Sehenswertes 50
Von der Alberta iela und dem Freiheitsdenkmal über
den Dom St. Marien bis zum Rigaer Schloss
Im Fokus – Hansestadt Riga 68
Museen und Galerien 70
Vom Arsenal über das Kunstmuseum Rigaer Börse und das
Lettische Nationale Kunstmuseum bis zum Okkupationsmuseum

Spaziergänge und Ausflüge — 78

Spaziergänge
Die Altstadt Rigas 80
Metropole des Jugendstils 82
Die Moskauer Vorstadt 84
Die Insel Ķīpsala 86
Ausflüge
Jūrmala am Meer 88
Burgenstadt Sigulda 90
Am Fluss Gauja 92

Wissenswertes über Riga — 94

Auf einen Blick 96	Kartenlegende 111
Geschichte 98	Kartenatlas 112
Sprachführer Lettisch 100	Kartenregister 120
Kulinarisches Lexikon 102	Orts- und Sachregister 124
Reisepraktisches von A–Z 104	Impressum 128

✳ Karten und Pläne

Riga Innenstadt . . . . .Klappe vorne	Kartenatlas 111–119
Riga und Umgebung . . . . .Klappe hinten	
Jūrmala. 89	Die Koordinaten im Text verweisen auf die
Sigulda. 90	Karten, z. B. ▶ S. 112, B 3.

Extra-Karte zum Herausnehmen . . . . Klappe hinten

Willkommen in Riga
Lettlands Hauptstadt strahlt wieder in alter Schönheit: Die baltische Metropole macht ihrem Namen als »Paris des Nordens« alle Ehre.

Auf dem Domplatz, dem Herzen von Riga, hat sich eine bunte Menschenmenge versammelt. Minutenlang ist ein leises Summen zu vernehmen. Auf einmal schwillt es dann zu einem gewaltigen Chorgesang an. Von unsichtbarer Hand geleitet, singt nun der ganze Platz. Nein, nicht nur der Platz, auch aus den verwunschenen Gassen der Altstadt strömen Jung und Alt herbei, ganz Riga scheint zu singen. Das hat in der Hauptstadt Tradition: Große und kleine Sängerfeste finden hier das ganze Jahr über statt, auf den riesigen Freilichtbühnen, in den mittelalterlichen Kirchen, den vielen trendigen Musikkneipen. Aber Riga kann natürlich nicht nur mit seiner Musik glänzen. Heute gilt es erneut, das »Paris des Nordens« zu entdecken, mit seinen liebevoll restaurierten Gebäuden aus der Hansezeit und der Epoche des Jugendstils, den unterschiedlichen Museen, den originellen Restaurants und den Boulevards, die zum Flanieren einladen. Vorbei die Zeit, als ein Kommissar Wallander aus Henning Mankells Krimi »Die Hunde von Riga« von einem Plattenbauhotel auf ein tristes Ensemble verfallender Häuser und trostloser dunkler Plätze schaute.

Reise ins Mittelalter

Man schlendert durch die Altstadt und entdeckt auf Schritt und Tritt

◀ Mächtig erhebt sich der 1211 erbaute evangelisch-lutherische Dom St. Marien (▶ S. 54) über Rigas Altstadt.

Rigas hanseatisch geprägte Vergangenheit: herausgeputzte Gildehäuser, schmucke Kaufmannsquartiere, rote Backsteinkirchlein. Eine mittelalterliche Filmkulisse. Rattert hier nicht eine geheimnisvolle Kutsche über das Buckelpflaster und verschwindet dort nicht eine verschleierte Jungfer im Klostergemäuer? Heute kann es durchaus sein, dass sich hinter den alten Mauern eine kleine Gaststätte etabliert hat, mit »Mittelaltertouch«. Ein Juwel ist auch das aufs Feinste restaurierte Jugendstilviertel in der Neustadt. Riga kann sich zweifellos mit anderen Jugendstilmetropolen wie Lissabon oder Wien messen. Als die Stadt zu Beginn des 20. Jh. boomte und aus allen Nähten zu platzen drohte, entstanden die vielen beeindruckenden Jugendstilbauten. Beim Betrachten der Fassaden dieser Häuser mit den Medusen, Masken, Sphinxen, Löwen, Girlanden und Schlingpflanzen verfällt man schnell einem ganz besonderen Sog. Gut, dass die UNESCO die Jugendstilhäuser in Riga inzwischen in das Weltkulturerbe aufgenommen hat!

Aufbruch in die Zukunft

Ab Mai füllen sich die Straßencafés auf dem Domplatz. Man genießt die hellen Tage, die nicht enden wollen. Auch im Winter flaniert das Publikum durch die Gassen. Auf atemberaubend hohen Pumps stolzieren junge Damen über das manchmal vereiste, aber immer schneegefegte Kopfsteinpflaster. Gegen die winterliche Kälte hilft ein warmer Grog im Holzbüdchen am Straßenrand.

Alles ist leicht zu Fuß zu erreichen – ein Katzensprung nur von der Altstadt in die Neustadt, die auf dem besten Wege ist, dem Zentrum den Rang abzulaufen. Hier boomt Riga: Heute eröffnet eine Musikkneipe, morgen ein italienisches Schuhgeschäft oder eine kleine noble Boutique. Und in zahlreichen Läden wird neuerdings großer Wert auf eine ungewöhnliche Ausstattung gelegt. Lettisch muss das Design sein – zwar mit einem gewissen Anflug von nordischer Zurückhaltung, aber dennoch raffiniert und mit Zitaten aus der reichen lettischen Folklore. Es kann einem aber auch passieren, vor verschlossenen Türen zu stehen: Das hoch gelobte Restaurant, der elegante Schuhladen, die kleine Boutique etwa haben über Nacht infolge der Wirtschaftskrise dichtgemacht. Inzwischen erholt sich die Stadt wieder von der Krise, doch musste sie Federn lassen. Geplante Großprojekte wie etwa der Bau der Nationalbibliothek können nur mit gebremstem Tempo vollendet werden, auch wenn der Bau heute schon die Skyline am Fluss prägt.

Die Kulturhauptstadt

Mit Kultur wird Riga wohl auch in Zukunft von sich reden machen. Höhe- und Glanzpunkt wird das Jahr 2014 werden, dann nämlich kann Riga als Kulturhauptstadt Europas punkten. Wen wird sie einladen, um dieser Herausforderung gebührend zu begegnen? Aus dem Festivalbüro ist zu vernehmen, dass sich die ganze Stadt in ein klingendes Sängerfest verwandeln will. Denn dass das gemeinsame Singen auch die Welt verändern kann, das wissen die Letten spätestens seit ihrer »singenden Revolution« des Jahres 1989.

MERIAN-TopTen
MERIAN zeigt Ihnen die Höhepunkte der Stadt: Das sollten Sie sich bei Ihrem Besuch in Riga nicht entgehen lassen.

 Nationaloper
Die Oper ist das Nationalheiligtum der Letten. Das Starangebot in dem 1991 restaurierten Haus ist international geprägt (▸ S. 38).

 Alberta iela
Rigas Jugendstilensemble mit seinen üppigen Fassadendekorationen ist in Europa einzigartig (▸ S. 51, 83).

 Dom St. Marien
Der größte Sakralbau im Baltikum, berühmt und geschätzt auch wegen der Konzerte auf der Domorgel (▸ S. 54, 80).

 Freiheitsdenkmal
Mit dem Motto »für Freiheit und Vaterland« das wichtigste nationale Denkmal in Riga, 1935 entstanden (▸ S. 56).

 Schloss
Über die Jahrhunderte haben hier die deutschen, schwedischen, russischen Herrscher residiert und ihre Spuren hinterlassen (▸ S. 61, 81).

 Schwarzhäupterhaus
Glanzstück am Rathausplatz, das Haus der Kaufmannsgilde wurde in den letzten Jahren wieder aufgebaut (▸ S. 62).

 Speicherkomplex
Spīķeri – ein Kunstviertel im Kommen; mit experimentellen Räumlichkeiten in ehemaligen Speichern aus dem 19. Jh. (▸ S. 63, 84).

 Ethnografisches Freilichtmuseum
Auf 80 ha kann man sich mit der vom Bauerntum geprägten Geschichte Lettlands vertraut machen (▸ S. 71).

 Kunstmuseum Rigaer Börse
In der ehemaligen Börse eröffnete 2011 ein Museum mit vielen internationalen Kunstschätzen (▸ S. 73, 81).

 Lettisches Nationales Kunstmuseum
Einzigartige Sammlung mit Schwerpunkt auf lettischer Kunst über die Jahrhunderte hinweg (▸ S. 74).

MERIAN-Tipps
Mit MERIAN mehr erleben. Nehmen Sie teil am Leben der Stadt und entdecken Sie Riga, wie es nur Einheimische kennen.

 Ginger & Fred
Ein neues, nostalgisch-elegantes Erlebnisrestaurant mit Livemusik aus den 30er-Jahren (▸ S. 19).

 Zentralmarkt
Rigaer Spezialitäten wie beispielsweise dunkles Roggenbrot und Kümmelkäse kauft man täglich frisch in den Markthallen (▸ S. 32).

 Una Vita
Rigas schickster, aber auch eigenwilligster Handtaschenshop mit angeschlossener Designerwerkstatt (▸ S. 33).

 Sinfonietta Rīga
Das 2006 gegründete Ensemble hat sich auf die Musik des 20. und 21. Jh. spezialisiert und tritt im alten Lagerhaus von Spīķeri auf (▸ S. 37).

 Neues Rigaer Theater
Absolut im Trend liegen die ungewöhnlichen Inszenierungen des Shootingstars Alvis Hermanis (▸ S. 38).

 Homo Novus
Renommiertes Theaterfestival mit jungen, experimentierfreudigen Gruppen aus ganz Europa (▸ S. 43).

 Strand von Vecāķi
Der ruhige Ostseestrand gleich in der Nachbarschaft von Riga eignet sich besonders für Familienausflüge (▸ S. 45).

 Andrejsala
Auf dem ehemaligen riesigen Fabrikareal mit Blick auf den Hafen soll Rigas neuester Hotspot für die Künste entstehen (▸ S. 52).

 Heinz-Erhardt-Tour
Mit dem berühmten Schauspieler, Humoristen und Dichter, der aus Riga stammte, kann man die ganze Stadt bestens erklären (▸ S. 63).

 Okkupationsmuseum
Die wechselvolle, bewegende Geschichte Lettlands wird einzigartig im »Schwarzen Sarg« präsentiert (▸ S. 75).

In lauen Sommernächten drängt es
die Rigaer nach draußen. Der Livenplatz
in der Altstadt verwandelt sich dann in
ein riesiges Straßencafé.

Zu Gast in Riga

In historischen Gemäuern nächtigen, in stilvollen Restaurants dinieren, erlesenen Aufführungen beiwohnen, in angesagten Clubs die Nächte durchtanzen: Nichts scheint in Riga unmöglich zu sein.

Übernachten
Fünf-Sterne-Herbergen in historischem Ambiente, aber auch kleine individuelle Hotels, liebevoll mit neuem lettischen Design ausgestattet – sie gehören heute in Riga selbstverständlich dazu.

◄ Das Radisson Blu Elizabete Hotel (► S. 14) besticht mit seinem modernen Design und angenehmem Komfort.

In den letzten fünf Jahren hat sich die Hotelszene in Riga rasant gewandelt. Endlich entstanden auch Hotels der gehobenen Mittelklasse, die sich auf die vielen Touristen aus Westeuropa und den Nachbarländern einstellen. Alte Bürgerhäuser aus dem Mittelalter, verrottete Jugendstilhäuser, heruntergekommene Speicheranlagen wurden liebevoll restauriert und für den Fremdenverkehr hergerichtet. In den ehemaligen Bettenburgen aus der Sowjetzeit ist heute der Gast wieder König. Der Service hat sich grundlegend geändert, das Personal ist aufmerksam und meist internationaler Sprachen mächtig.

Designerhotels im Trend

In der gehobenen Mittelklasse wird neuerdings auf Design großen Wert gelegt. Lettisches Styling liegt im Aufwind: eine Mixtur nordischer Kühle und folkloristischer Elemente. So gestalten lettische Künstler z. B. originelle Lampen, entwerfen Gardinen und Bettdecken, schmücken Hotelwände mit abstrakten oder gegenständlichen Gemälden.

Vorteil Internetbuchung

Gerade außerhalb der Saison kann man im Internet häufig günstige Angebote finden. Dann kann man preiswert im Fünf-Sterne-Hotel im Zentrum nächtigen. Rechtzeitige Buchung ist auf jeden Fall von Vorteil. Und dies ganz besonders in den Sommermonaten. Die Riga-Card (www.rigacard.lv) gewährt unterschiedliche, aber immer lohnenswerte Rabatte. Ein reichliches Frühstücksbüfett, häufig mit baltischem Einschlag, ist fast immer im Preis eingeschlossen, ebenso Internetanschluss.

Preise für ein Doppelzimmer mit Frühstück:

€€€€	ab 100 Ls	€€	ab 50 Ls
€€€	ab 70 Ls	€	bis 50 Ls

HOTELS €€€€

Dome Hotel Spa　► S. 118, A/B 14

Luxus pur • Das 2009 völlig restaurierte Gebäude aus dem 17. Jh. ist Rigas erste Adresse, ein Kleinod. Die 15 Zimmer sind individuell eingerichtet, klassische Eleganz im Wechselspiel mit modernstem Design und technischem Komfort. Der Blick aus den Fenstern geht auf das historische Riga oder auf einen immergrünen Hof. Entspannung kann in der Sauna im obersten Stock mit Blick auf die Altstadt oder im angenehmen Spa gefunden werden. Im Restaurant verwöhnt Rigas Sternekoch Alex Žiljuk. Altstadt • Miesnieku 4 • Tel. 67 50 90 10 • www.domehotel.lv • 15 Zimmer • ♿ • €€€€

Grand Palace　► S. 118, A 13/14

Ein Klassiker • Ein kleiner Palast mitten in der Altstadt. Die Zimmer sind luxuriös im französischen oder englischen Stil möbliert. In den tiefen Sesseln der Lobbybar kann man den Tag wunderbar ausklingen lassen. Altstadt • Pils 12 • Tel. 67 04 40 00 • www.schlossle-hotels.com • 56 Zimmer • €€€€

Hotel Bergs　► S. 119, E 13/14

Schickes Design • Ruhig gelegen im eleganten Shoppingzentrum Berga Bazārs. Ein kühner architektonischer Entwurf: Zwei historische Backsteingebäude wurden unter einer riesigen Glaskonstruktion vereint. Suiten und Tagungsräume unterm Dach, die Zimmer mit Antiquitäten, kostbaren Gemälden, futuristischem Design ausgestattet. Eine kleine Bibliothek mit Kaminfeuer für kühlere Tage. Das Frühstück zählt zu den besten seiner Art in Riga, kein Wunder, denn das Restaurant wird von Sternekoch Kaspars Jansons betreut. Zentrum • Elizabetes 83/85 • Tel. 67 77 09 00 • www.hotelbergs.com • 40 Appartements • ♿ • €€€€

Radisson Blu Elizabete Hotel
▶ S. 119, E 13

Hotel für höchste Ansprüche • Im Jahr 2008 eröffnet, sehr individuell von englischen und lettischen Künstlern gestaltet. Gut gelegen, in Altstadtnähe, mit Parkblick. Zentrum • Elizabetes 73 • Tel. 67 78 55 54 • www.radissonblu.com/elizabetehotel-riga • 228 Zimmer • €€€€

HOTELS €€€
Avalon Hotel
▶ S. 118, C 15

Erstklassiger Service • Dieses neue Hotel besticht durch seine günstige Lage am Rande der Altstadt, in unmittelbarer Nähe von Zentralmarkt, Busbahnhof und Hauptbahnhof. Außerdem ist der Service hervorragend, die Damen der Rezeption haben alle im lettischen Tourismus gearbeitet, wissen auf fast jede Frage eine Antwort und können gute, auch ungewöhnliche Tipps geben. Lettisches Design steht im Vordergrund, ein Glaslift im Inneren führt in die 6. Etage, dort ist bei gutem Wetter eine kleine Terrasse geöffnet. Ein Fitnessstudio fehlt noch, soll aber in Kürze eröffnet werden. Altstadt • Kalēju 70–72 • Tel. 67 16 99 99 • www.hotelavalon.eu • 111 Zimmer • ♿ • €€€

Hotel Gutenbergs
▶ S. 118, B 14

Mit Domblick • Sehr gut geführtes Hotel mit Tradition, im 18. Jh. war es das Domizil eines wohlhabenden Kaufmanns und später eine Druckerei. Kleine, aber sehr geschmackvoll eingerichtete Zimmer, jede Etage ist in einem anderen Stil gestaltet. Im Sommer angenehme Dachterrasse mit bezauberndem Blick und hervorragenden Snacks. Altstadt • Doma laukums 1 • Tel. 67 81 40 90 • www.gutenbergs.lv • 38 Zimmer • ♿ • €€€

Hotel Riga
▶ S. 118, C 14

Historisch-stilvoll • Gleich neben der Oper trifft man auf eine der ältesten Herbergen der Stadt. Heute erstrahlt sie in neuem Glanz, Geräumige Zimmer, großzügige Lobby mit angenehmer Bar, netter Service. Treffpunkt der Opernwelt. Während der Sommermonate ist die Palmenterrasse ein beliebter Treffpunkt. Zentrum • Aspazijas bulv. 22 • Tel. 67 04 42 22 • www.hotelriga.lv • 236 Zimmer • €€€

Radisson Blu Daugava
▶ S. 117, E 12

Mit Blick auf die Altstadt • Gegenüber der Innenstadt am linken Daugava-Ufer schaut man in diesem modernen Hotelhochhaus auf die grandiose Silhouette Rigas. Das Haus bietet den gewohnten Komfort der Radisson-Kette. Über die große Brücke lockt ein Bummel in die Altstadt, aber auch Shuttle-Busse führen ins Zentrum. Man kann sich alternativ im großzügigen Fitnessbereich des Hotels Bewegung verschaffen. Pārdaugava • Kugu 24 • Tel. 67 06 11 11 • www.radissonblu.com/hotelriga • 361 Zimmer • ♿ • €€€

HOTELS €€

Hotel Edvards ⛺⛺   ▶ S. 115, D 8

Familiär geführt • In einem Altbau gelegen, 2008 eröffnet, mit komfortablen, kleineren Zimmern. Wer einmal zu Ruhe und Muße kommen will, liegt hier richtig. Angenehm ausgestattete Balkone laden dazu ein. Kinder sind willkommene Gäste, es gibt sogar ein extra Spielzimmer.
Zentrum • Dzirnavu 45/47 • Tel. 67 43 99 60 • www.hoteledvards.lv • 20 Zimmer • €€

Konventa Sēta   ▶ S. 118, C 14

Mittelalter mit Komfort • In neun historischen Gebäuden, die zum Teil einem Kloster gehörten, entstand in der Altstadt ein komfortables Hotel mit exzellentem Frühstücksbüfett.
Altstadt • Kalēju 9/11 • Tel. 67 08 75 07 • www.konventa.lv • 141 Zimmer • €€

Radi un Draugi   ▶ S. 118, C 14

Der Klassiker in der Altstadt • Das Hotel »Familie und Freunde« ist ein traditionsreicher, gepflegter, aber dennoch preiswerter Familienbetrieb. Dieser erstreckt sich nunmehr über drei Häuser in der Rigaer Altstadt. Im »Mutterhaus« – hier findet sich auch die Rezeption und eine nette Bar – spürt man noch den Charme vergangener Zeiten. Die Zimmer in den neu hinzugekommenen Häusern sind in hellem Holz gehalten.
Altstadt • Mārstaļu 1 • Tel. 67 82 02 00 • www.draugi.lv • 72 Zimmer • €€

TIA   ▶ S. 115, E 7

Im Preis unschlagbar • Ruhige kleine Unterkünfte mit Dusche und schönem Blick auf einen begrünten Hof. Günstig gelegen zur Erkundung der Jugendstilstraßen und zum Einkaufsbummel im Zentrum.
Zentrum • K. Valdemāra 63 • Tel. 67 33 39 18 • www.tia.lv • 49 Zimmer • €€

HOTELS €

Hotel Multilux   ▶ S. 115, F 8

Bestes Preis-Leistungs-Verhältnis • Die Besitzer haben ein Jugendstilhaus mit viel Liebe in ein kleines Hotel verwandelt. Die Zimmer, zumeist mit Bad, sind einfach, aber dennoch geschmackvoll eingerichtet, der Service ist sehr aufmerksam. Reservieren, das Haus ist oft ausgebucht!
Zentrum • Barona 37 (Eingang von der Gertrūdes) • Tel. 67 31 16 02 • www.multilux.lv • 15 Zimmer • €

Jakob Lenz   ▶ S. 114, C 7

Literaturhotel • Der in Georg Büchners Drama »Lenz« verewigte Dichter Jakob Lenz, gebürtig in Livland, hielt sich mehrfach in Riga auf, ihm zuliebe haben junge Lenz-Anhänger ihr kleines, gemütliches Gästehaus »Jakob Lenz« genannt. Es liegt in unmittelbarer Nachbarschaft des Jugendstilzentrums rund um die Alberta-Straße. Nicht alle Zimmer haben ein eigenes Bad, es gibt eine nette, gut ausgestattete Küche.
Zentrum • Lenču 2 • Tel. 67 33 33 43 • www.guesthouselenz.lv • 19 Zimmer • €

Kolonna Hotel Riga   ▶ S. 118, B 14

Erschwinglich und gut • Gleich hinter dem Domplatz. Es wurde 2005 eröffnet und ist praktisch eingerichtet, trotzdem wohnlich und geschmackvoll. Rechtzeitig buchen!
Altstadt • Tirgoņu 9 • Tel. 6 72 40 44 45 • www.hotelkolonna.com • 41 Zimmer • €

Essen und Trinken
Tradition trifft auf Moderne: schicke Cafés, Gourmetrestaurants, gepflegte Bierlokale, folkloristische Gasthäuser. Rigas Köche und Patissiers wetteifern um den Gast.

◄ Im urgemütlichen Café Kūkotava (▸ S. 23) ist jederzeit ein Blick in die wohlig duftende Backstube erlaubt.

Rigas Köche werden immer internationaler, sie kochen hervorragend französisch, italienisch, russisch, georgisch. Doch das Interessanteste ist, dass sie die Traditionen ihrer eigenen, der lettischen Küche in letzter Zeit neu entdecken. Bei den Köchen der neuerdings sehr beliebten TV-Kochshows steht Lettisches hoch in Kurs, das Fernsehpublikum an den heimischen Herden kocht alle Variationen der heimischen Leibspeisen nach. Etwa »kotlete«, große saftige Frikadellen aus einer Mischung von Schwein und Rind – raffiniert gefüllt mit Pilzen oder harten Eiern. Oder ein weiteres beliebtes Gericht: Erbsen mit Schweinefleisch. Klingt so einfach, kann aber äußerst delikat zubereiten werden und steht auch in der Gourmetküche auf der Speisekarte.

Deftige Bauernküche

Die lettische Küche ist ursprünglich eine bäuerliche Küche. Unaufwendig und nahrhaft. Da auch die Bäuerinnen den ganzen Tag auf den Feldern arbeiten mussten, blieb wenig Zeit für die Zubereitung warmer Speisen. So erfanden sie kalte Gerichte. Daher auch heute noch die vielen frischen Salate aus Gemüse, Fisch, Kartoffeln auf den Speisekarten.
In Lettland wurde über Jahrhunderte eine besondere braune Milchkuh gezüchtet, die auch heute noch eine vorzügliche fette Milch gibt. Unschlagbar gut schmeckt der Sauerrahm, frisch auf Suppen und Salate gekleckst. Zu den Klassikern – in fast allen Restaurants der Hauptstadt zu finden – gehört »rasols«, ein Kartoffelsalat, der mit Roten Beten, Hering, Äpfeln und natürlich dem Sauerrahm verfeinert wird.
Die hervorragende Milch ist der Grund für Lettlands außergewöhnlich guten Käse. Er kann mit Kümmel gewürzt sein, mit Dill. Eine goldene Käsescheibe, der »jāņu siers«, ist ein unverzichtbarer Bestandteil nicht nur der Festtafel, sie wird auch mit einem Stück lettischen Brots zu Hause und im Restaurant als Beilage oder Snack aufgetischt. Und ach, überhaupt, das lettische Brot – eine Delikatesse! Dunkel, aus Roggenmehl und oft mit Kümmel gebacken. Es wird zu jeder Mahlzeit gereicht. Der schwere, süßsaure Geschmack des Brotes kann geradezu süchtig machen!

Frischer Ostseefisch

Räucherfisch ist eine weitere lettische Spezialität. Direkt von der Ostseeküste kommt er auf den Tisch. Morgens werden Schollen gefischt, mittags geräuchert, nachmittags auf dem Markt verkauft. Auch hervorragender Aal oder der typisch baltische weißliche Lachs. Um die berühmten Rigaer Sprotten ist es etwas stiller geworden, sie verirren sich nicht mehr so häufig in die Netze der Ostseefischer.
Was trinkt man nun zu allen Köstlichkeiten? Zumeist Bier, lettisches Bier aus verschiedensten Brauereien wird überall angeboten. Auch Wein ist inzwischen in Mode gekommen, davon zeugen die zahlreichen neuen Weinläden. An jeder Ecke locken kleine Lokale, die Rigaer nennen sie »kafenīca«. Kaffee und Kuchen, aber auch Herzhaftes stehen auf der Karte, rund um die Uhr. Manches Gasthaus musste infolge der Krise schließen, aber meistens entsteht bald wieder an gleicher Stelle ein neues.

ZU GAST IN RIGA

Preise für ein dreigängiges Menü:

€€€€ ab 40 €	€€ ab 15 €
€€€ ab 20 €	€ bis 15 €

FRANZÖSISCH

Medusa Oyster Bar ▸ S. 115, E 8

Trendy • Frische Austern aus der Bretagne, das Stück um die 2 €, eine Rarität in Riga. Das Lokal im obersten Stock des neuen Einkaufszentrums Galleria Riga erfreut sich regen Zuspruchs, der Küchenchef hat in Frankreich gearbeitet und weiß, wie man eine wunderbare Bouillabaisse zubereiten kann.
Zentrum • Galleria Riga/Dzirnavu 67 • Tel. 67 28 60 25 • www.oysterbar.lv • tgl. 10–1 Uhr • €€€

GOURMET

Pinot ▸ S. 118, B 14

Feinschmeckerrestaurant • Ein neues Gourmetrestaurant mit einem Spitzenkoch, der sich der im Trend liegenden Fusion-Cuisine verschrieben hat, mit Schwerpunkt Frankreich und Italien. Man kann ihm beim Kochen im hinteren Teil des Restaurants zusehen, gern geht er auch auf Sonderwünsche ein. Cool ist die Einrichtung, exzellent die Weinkarte. Sollte man einmal keinen Platz bekommen, so kann man sich Köstlichkeiten im Gourmetladen, der zu Pinot gehört, einfach einpacken lassen. Dezente Livemusik an wechselnden Wochentagen.
Altstadt • Grēcinieku 26 • Tel. 67 22 56 16 • www.pinot.lv • Mo–Sa 10–24, So 10–22 Uhr • €€€€

Vincents ▸ S. 114, B 7

Spitzenküche • Treffpunkt nicht nur der lokalen Gourmets, auch Royalities haben hier schon lettische Nouvelle Cuisine probiert. Chefkoch Mārtiņš Rītiņš lässt sich immer wieder neue Kreationen, dem nordischen Klima angepasst, einfallen. So sind beispielsweise die Hummer-Ravioli eine Sünde wert, von lettischen Desserts aus Sahne, Beeren und Schwarzbrot ganz zu schweigen.
Zentrum • Elizabetes 19 • Tel. 67 33 26 34 • www.vincents.lv • Mo–Fr 12–15, 18–23, Sa 18–23 Uhr • €€€€

Columbine ▸ S. 118, C/D 14

Traditionshaus der Oberliga • Im Restaurant im historischen Hotel Metropol kann man nach der Renovierung wieder hervorragend klassisch speisen. Wenn man einmal genug hat von Küchenexperimenten und hypermodernem Design, sitzt man hier in elegantem Ambiente genau richtig. Zu empfehlen sind die Klassiker des Hauses wie Steaks und Geflügelgerichte. Abends empfiehlt sich eine vorherige Reservierung.
Zentrum • Aspazijas bulv. 36 • Tel. 67 22 54 11 • www.metropole.lv • tgl. 12–23 Uhr • €€€

INTERNATIONAL

Charleston ▸ S. 119, F 13

Großstädtisch • Seit über zehn Jahren hält sich dieses Restaurant im Herzen Rigas und wird von der lokalen Bevölkerung und den Touristen wegen seiner gleichbleibenden Qualität und seiner internationalen Küche geschätzt. Man bemüht sich um kosmopolitisches Flair, Tanzveranstaltungen, Konzerte und andere Events wie etwa Kochshows sollen ihren Beitrag dazu leisten.
Zentrum • Blaumaņa 38/40 • Tel. 67 77 05 72 • www.restaurant-riga.com • Mo–Do 12–23, Fr, Sa 12–24 Uhr • €€

Osīris ▶ S. 115, F 8

Angesagter Treffpunkt • Schon seit nunmehr 20 Jahren ist dieser Ort, das »Café des Artists«, Rigas Treffpunkt von Künstlern, Theaterleuten, Journalisten. So kann es hier bisweilen recht voll sein, Reservierung ratsam. Die Karte ist nicht allzu anspruchsvoll, doch die diversen Eierspeisen sind tadellos und preiswert. Auch das Frühstück stimmt, sollte es einen morgens nach Porridge, Speck-Omelett oder Käse-Sandwich gelüsten.
Zentrum • Barona 31 • Tel. 67 24 30 02 • E-Mail: osiris@ticino-lv • Mo–Fr 8–24, Sa, So 10–24 Uhr • €€

ITALIENISCH
Otella ▶ S. 114, C 8

Spitzenitaliener • Im gemütlichen Keller eines Wohnhauses aus dem 19. Jh. hat sich ein Italiener niedergelassen, der der Küche seiner toskanischen Heimat treu bleibt: liebevoll zusammengestellte Antipasti, gutes Bistecca, hervorragender Fisch. Die italienischen Weine kann man auch in einem zum Restaurant gehörigen kleinen Weingeschäft kaufen.
Zentrum • Alunāna 2 • Tel. 67 32 42 67 • www.otella.lv • tgl. 12–23 Uhr • €€€

JAPANISCH
Kabuki

Ein Klassiker • Sollte einen in Riga der Appetit auf Sushi überfallen, so kann dem abgeholfen werden: klassische japanische Küche in großer Auswahl, alles appetitlich frisch, so wie man es von Kabuki gewohnt ist.
– Zentrum • Elizabetes 14 • Tel. 67 28 20 52 • Mo–Do 12–23, Fr–So 12–24 Uhr • €€ ▶ S. 114, C 8
– Zentrum • Tērbatas 46 • €€
▶ S. 115, F 8

MERIAN-Tipp

GINGER & FRED ▶ S. 119, D 13

Ein neuer Stern an Rigas Gastro-Himmel – jüngst in einem historischen Bau eröffnet, mit einem für Riga einzigartigen Konzept. Ein Erlebnisrestaurant, das neben hervorragender Küche auch Entertainment bietet. Zur täglichen Livemusik gibt's an Wochenenden eine Show, die wechselnden Stars der Musik gewidmet ist. Geplant sind Events mit Liedern von Edith Piaf und Ginger & Fred. Das Lokal will ganz bewusst an die Traditionen um 1930 anknüpfen, als Riga in punkto Unterhaltung viel zu bieten hatte. Auch die Gerichte werden im Retro-Stil serviert, mit viel Liebe für aufwendige Deko, besonders bei den verführerischen Desserts. Das Ambiente ist von nostalgischer Eleganz geprägt. Ein Gourmetmenü wird täglich um 16 Uhr aufgetischt. Reservierung empfohlen.
Zentrum • Tērbatas 2 • Tel. 67 22 31 00 • www.gingerandfred.lv • Mo–Do, So 11–22, Fr, Sa 11–24 Uhr • €€€

LETTISCH
Kaļķu vārti ▶ S. 118, C 14

Feine regionale Küche • Die Speisen in diesem kleinen, elegant-rustikalen Lokal sind monatlich einem Thema gewidmet, im September sind das z. B. Waldpilze, und so stehen köstliche Pilzgerichte, auch mit Wild aus lettischen Wäldern, auf der Speisekarte. Reservierung empfehlenswert.
Altstadt • Kaļķu 11 a • Tel. 67 22 45 76 • www.kalkuvarti.lv • tgl. 12–24 Uhr • €€€

20 ZU GAST IN RIGA

Zilā Govs ▶ S. 118, B 14
Originelle Altstadttaverne • Die »Blaue Kuh« ist in einem Gebäude aus dem Mittelalter am Livenplatz im Herz der Altstadt untergebracht. Hier werden lettische Spezialitäten serviert, gute Steaks und Fischgerichte, alles Bio von Bauern und Fischern der Umgebung. Besonders zu empfehlen ist der lettische Fleischtopf mit viel frischem Gemüse.
Altstadt • Meistaru 21 • Tel. 67 22 33 07 • www.zila-govs.lv • tgl. 11–23 Uhr • €€€

Alus arsenāls ▶ S. 118, A 13
Urig • Hier kann man in einem ansprechenden Kellergewölbe in Schlossnähe deftig Lettisch speisen, wenn einem etwa der Sinn nach Haxen und Sauerkraut steht. Sogar Schweineschnauze kommt auf den Tisch, dazu passt die große Auswahl an einheimischen Bieren.
Altstadt • Pils laukums 4 • Tel. 29 11 21 54 • www.alus-arsenals.lv • Mo–Do 12–23, Fr 12–24, Sa 13–24, So 13–23 Uhr • €€

Māja ▶ S. 116, westl. A 11
Im Holzhaus • Auf der anderen Flussseite lässt es sich im Sommer auf der Terrasse, im Winter in der gemütlichen Wirtshausstube angenehm speisen. Eine der wenigen besseren Einkehrmöglichkeiten auf Pārdaugava.
Pārdaugava • Kalnciema 37–5 • Bus: Hartmana • Tel. 27 71 00 78 • www.restoransmaja.lv • tgl. 12–24 Uhr • €€

Lido Atpūtas centrs ▶ S. 119, südöstl. F 4
Lettisch-volkstümlich • Der »Vergnügungspark Lido« macht seinem Namen alle Ehre: Ein gewaltiger Holzrundbau mit einer Windmühle bietet auf drei Etagen hervorragende, zumeist lettische Nationalküche, die

Die Bar Vīna Studija (▶ S. 22) wartet mit einer erstaunlichen Auswahl an hochwertigen Weinen aus der ganzen Welt auf. Dazu werden mediterrane Tapas gereicht.

Einrichtung ist lettisch-rustikal. An die 1000 Gäste, meist Familien, könne hier aufs Köstlichste – dabei sehr preiswert – bewirtet werden. Erwähnenswert auch die verschiedenen lettischen Biersorten. Für Kinder ist auf dem großen Areal gesorgt: Es gibt Jahrmarktbuden, Spielplätze, auch eine Rollschuhbahn.
Krasta Rajons • Krasta 76 • Bus/Tram: Lido Atpūtas • Tel. 67 50 44 20 • www. ac.lido.lv • tgl. 11–24 Uhr • €

Vecmeita ar kaķi ▸ S. 118, A 13
Kleines Kellerlokal • In der »Jungfrau mit der Katze« sitzt man bei lettischen Speisen in angenehmer, folkloristischer Atmosphäre. Es gibt gute und preiswerte Salate, frische Rigaer Heringspezialitäten.
Altstadt • Mazā Pils 1 • Tel. 67 32 50 77 • tgl. 11–23 Uhr • €

Vērmanītis ▸ S. 115, E 8
Preiswert und gut • Geräumiges Lokal mit Selbstbedienung und guter lettischer Küche. Hier genießen viele Letten ihre Mittagspause. Die Einrichtung soll an ein stolzes unabhängiges Lettland erinnern. Die Musik ist nicht zu überhören, aber das Essen ist unübertroffen billig und üppig.
Zentrum • Elizabetes 65 • Tel. 67 28 62 89 • www.lido.lv • Mo–Sa 9–22, So 10–21 Uhr • €

ORIENTALISCH
Pirosmani ▸ S. 118, C/D 16
Im Szeneviertel • Georgische Küche im Spīķeri – hier gibt's bestes Tschtaschapuri, eine Spezialität aus Teig mit einem speziellen Käse. Täglich werden aus Georgien frische Lebensmittel eingeflogen, dank Air Baltica! Salate, Schaschlik, dazu die berühmten georgischen Weine und an den Wänden Reproduktionen des Malergenies Pirosmani. Im Sommer eine kleine Hofterrasse, dazu traditionelle Gesänge – das perfekte südländische Glück in einer Stadt des Nordens.
Moskauer Vorstadt • Maskavas 6 • Tel. 29 32 62 99 • www.restaurant-pirosmani.lv • tgl. 11–23 Uhr • €€

Kokanda ▸ S. 115, F 7
Orientalisches Ambiente • Dieses kleine Restaurant in der Nähe der Einkaufsstraßen bietet eine überschaubare, sehr gute Auswahl an usbekischen Speisen an, von frischen Salaten bis zu Lamm mit Nusssauce. Dazu wird Tee in Schalen gereicht.
Zentrum • Bruņieku 12 • Tel. 67 31 34 62 • E-Mail: kokanda@bas.net.lv • tgl. 11–23 Uhr • €

RUSSISCH
Slāvu Restorāns ▸ S. 118, C 14
Nach alter russischer Tradition • Der Tee wird aus einem Samowar in Gläsern serviert, der Wodka in Kristallkaraffen. Nur auf den schwarzen Kaviar muss man verzichten, da dieser derzeit unter besonderem Schutz steht. Dafür tut es auch roter, auf Blinis eine Köstlichkeit, auch die vielen russischen Suppen sind exzellent.
Altstadt • Vaļņu 19 • Tel. 67 28 39 74 • www.slavu.lv • tgl. 11–22 Uhr • €€

Traktieris ▸ S. 114, C 7
Folkloristisch • »Traktir« ist Russisch und heißt auf Deutsch Kneipe. Hier geht es entspannt zu, es wird in russischen Trachten serviert, aber es gibt auch lettische Elemente wie etwa den hervorragenden Hering. Zu später Stunde wird hier schon einmal ein wilder Kasatschok getanzt!
Zentrum • Antonijas 8 • Tel. 67 33 24 55 • tgl. 12–23 Uhr • €€

Pelmeni XL

Russischer Imbiss • »Pelmenis« sind so etwas wie Ravioli: gefüllte Teigtaschen. Köstlich, reichlich, auch für den nächtlichen Hunger. Fast rund um die Uhr gibt es hier Pelmeni, Suppen, Salate, zum Nachspülen russischen Wodka. Alles ist superbillig. Viele jüngere Touristen. Die Filiale im Hauptbahnhof ist für die späte Nacht nicht unbedingt zu empfehlen. www.xlpelmeni.lv
– Altstadt • Kaļķu 7 • Tel. 67 22 27 27 • tgl. 9/10–4 Uhr • € ▸ S. 118, B 14
– Altstadt • Galerie Zentrum, Audēju 16 • tgl. 9–22 Uhr • € ▸ S. 118, C 14
– Zentrum • im Hauptbahnhof • tgl. 0–24 Uhr • € ▸ S. 119, E 14

VEGETARISCH

Indian Raja

Für gehobene Ansprüche • Dieses indische Lokal hält seit über vier Jahren das Monopol in Riga, was asiatische Küche betrifft. In exotischem Ambiente mit vielen goldenen Buddhastatuen schmecken die Tandooris und Currys hervorragend. www.indianraja.lv • tgl. 12–23 Uhr
– Altstadt • Vecpilsetas 3 • Tel. 67 22 16 17 • €€ ▸ S. 118, C 14
– Altstadt • Skarnu 7 • Tel. 67 22 32 40 • tgl. 12–23 Uhr • €€ ▸ S. 118, B 14

WEINBARS

Foody ▸ S. 119, C 14/15

Voll im Trend • In modernem Interieur – die Farbe Rot dominiert – bietet dieses Weinlokal europäische Speisen zu vernünftigen Preisen. Auch für Biertrinker ist gesorgt. Es hat gerade erst aufgemacht, und es wird viel Wert auf effizienten Service gelegt. Zentrum • Aspazijas bulv. 32 • Tel. 67 22 72 79 • www.foody.lv • Mo–Fr 9.30–24, Sa, So 11–24 Uhr • €€

Vīna Studija ▸ S. 114, C 7

Klein und elegant • Bar mit Weinverkostung und Weinverkauf. Angeboten werden europäische Tropfen, aber auch Raritäten aus Übersee. Man kann sich bei fachmännischer Beratung eine Weinflasche im Laden auswählen und sie gegen ein geringes Aufgeld an der Bar trinken. Oder man nimmt sie mit nach Hause. Oder man trinkt sie am kommenden Tag zu Ende. Die Wände zieren Bilder bekannter lettischer Künstler. Zentrum • Elizabetes 10 • Tel. 67 33 28 30 • www.vinastudija.lv • tgl. 11–20 Uhr • €€

CAFÉS

Bonēra ▸ S. 115, E 8

Kaffee und Klamotten • Voll im Trend liegt das »Bonheur«, und man schwelgt im Glück, wenn man hier den hervorragenden Kaffee trinkt, umringt von originellen Kleiderständern und Wänden mit First- und Secondhand-Waren, Handtaschen, gehobener Konfektion. Nicht überteuert! Alles durchweht der Geist von Coco Chanel, die hier verehrt wird. Man kann über Stunden hier verbringen, zum Schachspielen findet sich immer ein Partner. Zentrum • Blaumaņa 12 a • Tel. 67 28 33 43 • www.bonera.lv • Mo–Sa 11–23 Uhr

DAD Café ▸ S. 115, F 6

Musikcafé • Der Name ist Programm: In »dadaistischem« Ambiente kann man seinen Kaffee genießen, Cocktails schlürfen, feinste Kuchen und Torten speisen oder auch leichte Snacks zu sich nehmen. Manchmal auch spontan Livemusik, man kann tanzen, donnerstags steht häufig Jazz auf dem Programm.

Essen und Trinken 23

In der künstlerisch angehauchten Atmosphäre des Café Osīris (▶ S. 19) kann man sich auf frisch aufgegossenen Tee freuen. Es gibt aber auch leckere Eierspeisen.

Zentrum • Miera 17 • Tel. 67 37 44 70 • www.dadcafe.lv • Mo–Sa 10.30–23 Uhr

Kūkotava ▶ S. 115, E 8

Ausgefallene Torten • Ein kleines Café, in dem man beim Backen zuschauen kann. Es duftet wundervoll nach Keksen, hinter dem Tresen werden aber auch üppige Torten kreiert, etwa mit herzhaften Zutaten wie Schinken, Krabben und Gemüse.
Zentrum • Tērbatas 10/12 • Tel. 67 28 38 08 • www.gardi.lv • Mo–Sa 9–18 Uhr

Riga Black Magic Bar
▶ S. 118, B 14

Alchemisten-Café • Hier wird der Kräuterlikör »Riga-Balsam« nicht nur hergestellt, sondern auch in allen Variationen gemischt und getrunken, sei es als Cocktail oder Magenlikör. Tagsüber scheint es so, als suchten Rigaer Bürger und Touristen Heilung von Magenweh beim Likör, den sie mit hervorragenden Torten genießen. Konfekt und Torten, teilweise mit dem Wunderbalsam getränkt, können auch käuflich erworben werden. Zur Happy Hour kann man sich dazu einen »schwarzen Mojito« mischen lassen.
Altstadt • Kaļķu 10 • Tel. 67 22 28 77 • www.since1752.lv • tgl. 10–1 Uhr

Stolle ▶ S. 119, D 13

Altrussische Spezialitäten • Der Name klingt Deutsch, es handelt sich aber um ein russisches Café, von dem es auch eine beliebte Filiale in St. Petersburg gibt. Berühmt ist Stolle für seine herzhaften Backwaren wie Piroggen mit Fleisch, Pilz oder Kohlfüllungen. Süßschnäbel werden kaum an den Wareniki, mit Quark gefüllten Taschen, und anderen gezuckerten Leckereien vorbeikommen.
Zentrum • Tērbatas 2 • Tel. 67 24 22 42 • www.stolle.lv • Mo–Fr 8–23, Sa, So 10–23 Uhr

grüner
reisen

Wer zu Hause umweltbewusst lebt, möchte dies vielleicht auch im Urlaub tun. Mit unseren Empfehlungen im Kapitel grüner reisen wollen wir Ihnen helfen, Ihre »grünen« Ideale an Ihrem Urlaubsort zu verwirklichen und Menschen zu unterstützen, denen ein verantwortungsvoller Umgang mit der Natur am Herzen liegt.

Grün hat Tradition

Gesunde Ernährung, Nähe zur Natur, respektvoller Umgang mit Tieren – all dies hat in Lettland als Bauernland über Jahrhunderte Tradition. Als sie noch Heiden waren, haben die Letten Bäume und Pflanzen besonders verehrt. Ihnen ist ökologisches Bewusstsein also in die Wiege gelegt. Unter der Sowjetdiktatur existierte keinerlei Umweltschutz, große Teile der Küste waren unzugänglich und dienten obskuren militärischen Zwecken. Heute sieht es in dieser Hinsicht ganz anders aus: Fabriken im ganzen Lande müssen besondere Umweltauflagen berücksichtigen, bei Neubauten wird auf natürliche Materialien Wert gelegt. Bioläden mit ökologischen Produkten sind immer häufiger in Riga anzufinden – trotz der Wirtschaftskrise, die so manches private Budget schrumpfen ließ.
Die sprichwörtliche Liebe der Balten zur Natur hat in Lettland dazu beigetragen, dass neue Naturschutzreservate und Landschaftsparks entstanden sind. Die endlosen Küsten, unberührten Wälder, die fischreichen Seen und Flüsse als Kulturgut zu bewahren, das ist auch das Ziel der jungen Generation: Die 1990 gegründete Partei der Grünen hat bei den letzten Wahlen 20 % der Stimmen bei Jungwählern erhalten.

grüner reisen 25

ÜBERNACHTEN

Hotel Nēiburgs ♟♟ ▸ S. 118, B 14

Im Herzen der Altstadt hat die alteingesessene Rigaer Familie Nēiburgs
ihr ehemaliges Jugendstilwohnhaus
in eine Edelherberge der Luxusklasse
umgewandelt, unter Berücksichtigung
ökologischer Maßstäbe. So wurden im
Wesentlichen energiesparende Materialien beim Umbau benutzt. Sorgsam
und liebevoll wurde das Haus restauriert, Teile der alten Jugendstilelemen-
te sollten unbedingt erhalten werden,
wie etwa die Deckenbemalungen, Kacheln, Stuck, Parkett. Besonderer Wert
wurde auf ein Lichtdesign gelegt, das
möglichst wenig Energie verbraucht.
Der Küchenchef des Hotelrestaurants,
Sandis Brūzas, verwendet ausschließlich ökologische Lebensmittel, die
regionale Küche wird überzeugend
mit europäischer Spitzengastronomie
gemischt, zu bezahlbaren Preisen.
Altstadt • Jauniela 25/27 • Tel. 67 11
55 44 • www.neiburgs.com • 55 Suiten • €€€€

ESSEN UND TRINKEN

Botanica Cafe ▸ S. 114, C 8

Kreative Gerichte, selbstverständlich
nur aus ökologischem Anbau, stehen
hier ganz im Vordergrund. Von einigen
Pflanzen und Kräutern kann man sich
sogar selbst ein Bild machen, für
deren Gedeihen ist ein eigener Raum
reserviert. Das neue Lokal findet in
Riga großen Anklang, besonders zu
empfehlen: das Basilikum-Parfait mit
frischem selbst gebackenen Brot.
Zentrum • Antonijas 9 • Tel. 67 33
49 33 • www.botanica.lv • Mo–Do 11–
23, Fr, Sa 11–2, So 12–23 Uhr • €€

Kamadena ▸ S. 115, E 8

In einem aufwendig restaurierten
Holzhaus ist ein elegantes Restaurant
untergebracht, das so gar nicht an
Ökofreaks denken lässt. Man speist
asiatisch, tibetanisch, es gibt hervorragenden Ingwertee für kältere Tage.
Zentrum • Lāčplēša 12 • Tel. 67 28
33 74 • www.kamadena.lv • Mo–Sa
11–22 Uhr • €€

Ekovirtuve ▸ S. 113, F 3

Im vegetarischen Café werden nur
Lebensmittel aus organischem Anbau
angeboten. Die Auswahl an Gemüse-
gerichten lokaler Produzenten ist wirklich erstaunlich, gute Tees ergänzen
kleinere vegetarische Snacks.
Altstadt • Rūpniecības 11 • Tel. 67 32
54 88 • www.ekovirtuve.lt • tgl.
11–21 Uhr • €

Pienene ▸ S. 118, B 14

Ein Café sowie ein grünes Studio, mit
Designladen, direkt am Rathausplatz
gelegen. Entworfen hat es die auch
international bekannte Designerin
Karina Keberga aus Riga, die dafür
berühmt ist, nur mit natürlichen Materialien zu arbeiten. Helles luftiges
Mobiliar, im Café selbst Gebackenes,
alles sehr verführerisch aufgemacht.
Altstadt • Kungu 7/9 • Tel. 67 21
04 00 • €

Desa & Co ▸ S. 118, C 15

Ein kleiner, aber ganz besonderer Imbiss in einem Speicherhaus im Szeneviertel Špikeri. Hier hat sich ein kleiner
ökologischer Laden niedergelassen,
der auf heimisches Wildbret spezialisiert ist. Ca. 200 km südöstlich von
Riga befinden sich Jagdgebiete, Wildschweine und Rotwild können dort
erlegt werden. Der »Wilddealer« verkauft herrliche Würste und Schinken,
aber auch frisches Wild, nicht ganz
billig. In der ansprechenden Imbiss-
stube kann man ab 9 Uhr morgens bei

einem Kaffee die Zeitung lesen oder einen kleinen Imbiss genießen. Moskauer Vorstadt • Maskavas 4 • Tel. 67 21 61 86 • €€

Raw garden ▶ S. 115, D 7

Ein Rohkost-Restaurant in Riga, das einzige seiner Art. Hier werden Speisen auf höchstem Niveau zubereitet, allerdings nicht gekocht, sondern maximal auf 46 °C erhitzt. So bleiben Mineralstoffe und Vitamine erhalten. Alle Gemüse stammen aus lettischem biologischem Anbau. Das angenehm helle Restaurant ist in einem Jugendstilgebäude untergebracht. Zentrum • Skola 12 • Tel. 62 30 22 96 • www.rawgarden.lv • €€

EINKAUFEN

Blumenmarkt Sakta ▶ S. 119, E 13

Über die Grenzen Rigas ist dieser Blumenmarkt hinter dem Vērmanes-Park bekannt. Er ist Tag und Nacht geöffnet, immer mit frischer Ware. Im Sommer kann man sich nicht genug am Duft der verschiedensten Rosen erfreuen, im Herbst ein einziges Asternmeer. Tērbatas ielā

Daugmales Medus
▶ S. 118, B/C 14

Alles, was es in diesem Geschäft gibt, hat mit Honig zu tun, mit reinem lettischen Honig, auf den ganz Lettland seit Jahrhunderten stolz ist. Diverse Honigsorten, Extrakte, Seifen, Kerzen, Kosmetika, Süßigkeiten etc. Altstadt • Pēterbaznīcas 17 • Tel. 67 70 21 27 • www.daugmales medus.lv • tgl. 10–19 Uhr

Ecoboutique ▶ S. 114, C 7

Kleiner Laden mit erstaunlicher Auswahl an Ökoprodukten – Kleidung aus Leinen, Babykollektionen aus Wolle, lettische Öko-Putzmittel –, aber auch einer kleinen Lebensmittelauswahl. Zentrum • Elizabetes 25 • Tel. 67 32 24 00 • www.ecoboutique.lv

Miestiņš ▶ S. 114, C 7

Ein Bierladen der besonderen Art: Hier wird ausschließlich nicht-pasteurisiertes Bier verkauft, vornehmlich von kleinen Brauereien aus dem Umland. Die Zubereitung knüpft an alte lettische Traditionen an. Es gibt mehrere solcher Läden in ganz Lettland, von der Regierung, die um lettische Qualitätsprodukte bemüht ist, unterstützt. Zentrum • Bruņinieku 42 • Tel. 67 54 34 00 • www.miestins.lv • Mo–Do 12–21, Fr, Sa 11–21.45, So 11–20 Uhr

RIIJA ▶ S. 115, E 8

Lettisches Design in coolem Stil in einem großzügig gestalteten Laden. Großer Wert wird auf Produkte aus ökologischem Anbau gelegt, so z.B. bei Kleidung und Tuch aus reinem Leinen oder Kunstgewerbe aus natürlichen Materialien. Sehr dekorativ präsentieren sich die geflochtenen Körbe. Zentrum • Tērbatas 6/8 • Tel. 67 28 48 28 • www.riija.lv • Mo–Fr 10–19, Sa 10–17 Uhr

Studio Naturalis
▶ S. 115, südöstl. F 8

Etwas ganz Exquisites und lediglich nach vorheriger Anmeldung: In einem Rigaer Hinterhof hat die lettische Künstlerin und Weberin Laima Kaugure ihr Atelier untergebracht. Hier kann man hochwertiges Leinen aus Naturflachsfasern erwerben, es wird noch auf hölzernen Rahmenwebstühlen handgewebt. Moderne Entwürfe werden mit traditionellen lettischen Mustern verbunden. Das Studio hat sich

Design »made in Latvia« mit ökologischem Anspruch: Das breite Sortiment von RIIJA (▶ S. 26) reicht von Heimtextilien über Küchenaccessoires bis zu Kleidung und Möbeln.

inzwischen auch international einen hervorragenden Namen erworben.
Zentrum • Bruņinieku 47 • Tel. 67 31 59 14 • www.studio-natural.lv • Mo–Fr 9–17 Uhr

AKTIVITÄTEN
Ķemeri-Nationalpark 🌿

▶ Klappe hinten

Mit dem Zug über Jūrmala hinaus in Richtung Tukums gelangt man in ein grünes Paradies. Die Siedlung Ķemeri war unter dem russischen Zaren ein berühmter Kurort, hier kurte der russische Adel in Schwefelquellen und genoss die würzige Waldluft in Ostseenähe. Unter den Sowjets verfiel der Ort, es gab zwar ein paar Sanatorien, aber keine Infrastruktur. Heute versucht die Kempinski-Holding, dem riesigen eleganten Kurhaus – dem »Weißen Schloss« aus den 30er-Jahren – wieder Leben einzuhauchen, ob mit Erfolg, ist noch nicht erwiesen. Der noch etwas verschlafene Kurort mit seinen Holzhäuschen ist allerdings von einem einmaligen, etwa 40 ha großen Naturpark umgeben, mit Sumpflandschaft und Mooren. Ein Paradies für Naturliebhaber. Holzstege führen in fast unberührte Moorlandschaften. Um den heute unter Naturschutz stehenden Park zu besuchen, muss man sich bei der Verwaltung des Parks anmelden. Zu dieser führt ein ausgeschilderter Weg vom weißen Kurhaus aus. Es lohnt sich auf alle Fälle, eine Führung zu buchen, die von fachkundigen, z. T. auch Deutsch sprechenden Kräften durchgeführt wird.
Ķemeri • Tel. 67 73 00 78 • E-Mail: info@kemeri.gov.lv • Mai–Sept. tgl. 10.30–17 Uhr, Okt.–März telefonische Erkundigung empfehlenswert

Einkaufen Lettisches Design ist angesagt, ob bei Kleidung, Lederwaren oder beim Kunstgewerbe. Zu finden sind die edlen Stücke in originellen Boutiquen, aber auch in den neuen schicken Einkaufszentren.

◄ Die Präsentation der Schuhmodelle in der Ladenwohnung von Madam Bonbon (▸ S. 33) ist ein Kunstwerk für sich.

Riga gilt noch nicht als Einkaufsparadies, ist aber vielleicht auf dem besten Weg dorthin. Immer schönere Läden öffnen ihre Pforten, und dieser Trend sollte sich noch verstärken, wenn Riga 2014 Europäische Kulturhauptstadt wird. Großer Wert wird heute auf lettische Produktionen gelegt, vor allem im Bereich Mode und Design.

Design made in Riga

In den vergangenen Jahren haben sich ein paar schicke Einkaufszentren niedergelassen. Sie sind meist an allen Tagen von 8–22 Uhr geöffnet. Aber die wirklichen Entdeckungen kann man im Zentrum, der sogenannten Neustadt um die Tērbatas herum etwa oder in der Brīvibas mit ihren Querstraßen machen. Man findet lettisches Design, Antiquitäten, Buchläden, auch mal in Kellergeschossen oder Hinterhöfen. Die Geschäfte in der Altstadt entwickeln sich weg von billigem Souvenirramsch. Allerdings weiß man nie, wie lange sie sich halten, steigen doch gerade in Rigas Altstadt die Mieten kräftig. Kleinere Läden sind in der Regel wochentags von 10–19 Uhr geöffnet, an Samstagen nur bis 17 Uhr.

Lettische Spezialitäten

Da ist vor allem das lettische Roggenbrot zu nennen, das es in Westeuropa nur in Delikatessenläden gibt, in Riga aber in jedem Supermarkt zu finden ist. Die Letten sind sehr stolz auf ihre Süßwarenproduktion Laima (Lettisch für Glück), Pralinen mit Himbeeren gefüllt können mit eidgenössischen Produkten konkurrieren

> **WUSSTEN SIE, DASS …**
>
> … über Jahrhunderte die Frauen von Riga wegen ihrer schönen Haut bewundert wurden? Das Geheimnis soll der lettische Honig sein, den die Cremes enthalten.

– auch im Preis. Nicht zu vergessen der Kräuterlikör Rigaer Balsam, der fast alle Erkrankungen heilen soll.

ANTIQUITÄTEN

Antikvariāts del Arte ▸ S. 119, E 13

Für Fans alter Postkarten ein Paradies. Dazu gibt es zahlreiche weitere Sammelstücke vergangener Zeiten.
Zentrum • Barona 16/18 • tgl. 11–19 Uhr

Volmar ▸ S. 118, B 14

Bekannt für seine echten Ikonen und sein altes Leinen, dazu Tischwäsche, Handtücher, aber auch Gemälde und schöner Schmuck.
Altstadt • Krāmu 4 • Mo–Sa 10–20, So 11–18 Uhr

BÜCHER

¼ Satori ▸ S. 119, E 13

Dieser renommierte Buchladen, in dem auch Lesungen und Vorträge stattfinden, ist eine Institution in Riga und hat seine neue Heimat im Berga Bazārs gefunden.
Zentrum • Dzirnavu 84/2 • tgl. 10–21 Uhr

Globuss ▸ S. 118, C 14

Große Auswahl internationaler Literatur, auch Kunstbücher zu bemerkenswert günstigen Preisen. Zum Entspannen und Schmökern lädt das kleine Café Kafka im Hause ein.
Altstadt • Vaļņu 26 • www.gramatnicaglobuss.lv • tgl. 10–19 Uhr

ZU GAST IN RIGA

Schokoladenliebhaber werden von Emīls Gustavs Chocolate (▶ S. 32) begeistert sein. Wer will, probiert die handgemachten Kreationen gleich im Laden durch …

Jāņa Sēta ▶ S. 119, E 14

Berühmt für seine Touristik-Abteilung und große Landkartenauswahl. In der antiquarischen Sektion gibt es alte Reiseführer und Faksimiles.
Zentrum • Elizabetes 83/85 • Tel. 67 24 08 94 • www.karsuveikals.lv • tgl. 10–19 Uhr

Jumava ▶ S. 119, E 13

Ein Name mit Tradition, jetzt gehört er zum Verlagshaus gleichen Namens und hat auch Belletristik im Programm. Berühmt ist der Laden nach dem Umzug von der Altstadt ins Zentrum für seine Kunstbücher, auch aus früheren Jahrzehnten.
Zentrum • Dzirnavu 73 • www.jumava.lv • tgl. 10–19 Uhr

Planēta ▶ S. 115, E/F 8

Dieses bekannte Geschäft im Souterrain ist spezialisiert auf russische und lettische Literatur sowie auf Magazine aus der Vorkriegszeit.
Zentrum • Lāčplēša 27, k.2 • tgl. 10–19 Uhr

Robert's Books ▶ S. 114, C 7

Ein englischer Korrespondent hat in diesem kleinen Laden im Jugendstilviertel liebevoll eine preiswerte Auswahl englischsprachiger und internationaler Literatur zusammengestellt. Auch CDs und DVDs.
Neustadt • Antonijas 12 • tgl. 12–17 Uhr

Valters un Rapa ▶ S. 118, C 14

Auf drei Etagen, Lettlands größte Buchhandlung. Auch internationale Literatur und Reiseführer.
Zentrum • Aspazijas 24 • www.valtersunrapa.lv • tgl. 10–19 Uhr

DELIKATESSEN

Gastronome ▶ S. 115, D 8

Eine Gourmetboutique, in der man auch einen kleinen köstlichen Imbiss zu sich nehmen kann. Besonders zu empfehlen: der geräucherte Fisch

Einkaufen   31

aus der Ostsee. Frische Produkte aus Lettland und sogenannte »Kolonialwaren« aus aller Welt. Weitere Filialen sind derzeit in Planung. Nicht ganz preiswert.
Zentrum • Brīvības 31 (im Hotel Reval) • www.mc2.lv • tgl. 10.30–20 Uhr

WUSSTEN SIE, DASS …

… der Rigaer Kaufmann Abraham Kunze schon in der Mitte des 18. Jh. das lettische Nationalgetränk »Rīgas Melnais Balzams«, Rigaer Schwarzer Balsam, erfand und die Rezeptur mit 45 verschiedenen Kräutern ansetzte?

EINKAUFSZENTREN/KAUFHÄUSER

Berga Bažars   ▶ S. 119, E 14

Hinter dem Hotel Bergs befindet sich eine edle Einkaufspassage. Einrichtungsläden, Boutiquen, Feinkost und Bistros für gehobene Ansprüche.
Zentrum • Elizabetes 83/85, Marijas 13 • www.bergabazars.lv

Galerija Centrs   ▶ S. 118, C 14

Schon um 1920 konnte man hier in der Altstadt einkaufen. Nach langjähriger Generalüberholung erstrahlt das Traditionshaus mit seinen fünf Etagen wieder in modernem Glanz, vom Fitnessstudio bis zum Supermarkt, einige schicke Boutiquen.
Altstadt • Audēju 16 • www.galerija centrs.lv

Domina Shopping Center
                         ▶ S. 115, westl. F 8

Neues kreatives Einkaufszentrum mit vielen lettischen und internationalen Modedesignern. Das Domina-Team will das Zentrum in einen Ort für innovative Ideen verwandeln. Aus diesem Grund werden verschiedenste Kreativworkshops veranstaltet, Fusion von Kunst, Mode, Design steht im Vordergrund.
Zentrum • Ieriķu 3 • www.dominashopping.lv

Galleria Riga   ▶ S. 115, E 8

Das Schönste an diesem neuen Shoppingcenter ist die Dachterrasse mit einem Panoramablick über die ganze Stadt. Im Winter steht auf dem Dach eine Schlittschuhbahn bereit. Viele Bistros und nette Boutiquen.
Zentrum • Dzirnavu 67 • www.galleria riga.lv

Stockmann   ▶ S. 119, D 15

Gleich neben dem Hauptbahnhof – das Warenhaus in finnischem Besitz versorgt schon seit Jahrzehnten die Rigaer Bevölkerung mit internationalen Gütern. Die Lebensmittelabteilung ist wahrlich unschlagbar, und es locken hervorragend frische regionale Produkte wie auch Waren aus anderen EU-Ländern.
Zentrum • 13. Janvāra 8 • www.stock mann.lv

GESCHENKE

Art Nouveau Riga   ▶ S. 114, C 7

Eine besondere Adresse im Jugendstilviertel. Hier kann man alles erwerben, was mit lettischem Jugendstil zu tun hat: Lampen, Keramik, Schmuck, Poster, Postkarten, Schals, Handschuhe – alles als Repliken.
Zentrum • Strēlnieku 9

Dzintara Galerija   ▶ S. 118, B 13

Man findet man eine große Auswahl an Bernsteinprodukten vor, vom Aschenbecher bis zum Schlüsselanhänger – in allen Preislagen.
Altstadt • Torņa 4 • www.amberline.lv

ZU GAST IN RIGA

Emīls Gustavs Chocolate ▶ S. 119, E 14

Alles noch von Hand hergestellt und alles aus den besten Zutaten. Höchst originelle Kreationen erwarten den Besucher, es gibt sogar feine Schokolade mit Riga-Balsam-Geschmack. Etwas gewöhnungsbedürftig, aber als Geschenk sicherlich ein Erfolg.
Zentrum • Marijas 13/14 (in Berga Bazārs) • www.emilsgustavs.com

Latvijas Balzams ▶ S. 118, C 14

Der Kräuterlikör nach traditionellem Rezept aus dem Jahr 1700 wird mittlerweile überall in Riga und im ganzen Land verkauft. Hier ist außerdem lettischer Wodka erhältlich.
Altstadt • Audēju 8 • www.balzams.lv

MERIAN-Tipp

ZENTRALMARKT (CENTRĀLTIRGUS) ▶ S. 118/119, C/D 15

Gleich hinter dem Bahnhof und unübersehbar: der Bauch von Riga. Schweinebacke, Pilze aller Art, vorzüglicher Honig, eingelegtes Kraut mit Kümmel, Fisch geräuchert und frisch, Bauernkäse. Hier ticken die Uhren anders als in der urigen Altstadt. In den fünf ehemaligen Zeppelinhangars wird gehandelt und gedrängelt. Fast alle Bürger der Stadt kaufen hier ihre Frischwaren, die preiswerter sind als in den Supermärkten. Vor den Hallen werden Billigklamotten und Hi-Fi-Waren angeboten, über deren Provenienz man nicht unbedingt in Kenntnis gesetzt werden möchte.
Moskauer Vorstadt • Nēģu 7 • www.cantralltirgus.lv • Mo–Sa 8–17, So 8–16 Uhr

MÄRKTE
Latgale Markt ▶ S. 119, F 4

Ein Flohmarkt im Freien, ein wenig abseits, etwas chaotisch, etwas ärmlich, viele Angebote sicherlich dunkler Herkunft. Aber für Liebhaber von schrägem Nippes eine Fundgrube. Am besten zu Fuß zu erreichen.
Moskauer Vorstadt • F. Sadovņikova 9 a • tgl. 8–17 Uhr

Vidzeme Markt ▶ S. 115, F 7

Ein hübscher kleiner Markt, teilweise in Markthallen aus dem vergangenen Jahrhundert, auf dem man Gemüse, Obst und Milchprodukte direkt vom Bauern erwerben kann. Die eingelegten Gurken, Tomaten oder das Kraut können vor dem Kauf probiert werden. Am besten zu Fuß zu erreichen: Man geht immer die Brīvības entlang, bis zur Matīsa.
Zentrum • Brīvības 90 • tgl. 8–20 Uhr, 1. Mo im Monat geschl.

MODE
Keitas Showroom

Keita ist wohl die berühmteste lettische Modedesignerin mit internationalem Renommee. Ihre Entwürfe sind von Sinnlichkeit, aber auch nordischer Kühle geprägt, sie verwendet ausschließlich natürliche Materialien. Keita zieht mit ihren Showrooms von Zeit zu Zeit um, kurzfristig werden Adressen angegeben. Vorherige Anmeldung empfiehlt sich.
www.030470.com

Natālija Jansone ▶ S. 118, C 14

Die Designerin hat schon als Modell gearbeitet, bevor sie in St. Petersburg Koreanistik studierte. Ihre Kollektion versprüht fernöstliches Flair: zurückhaltend und streng, jedoch unbedingt kleidsam. Die Besitzerin

Einkaufen

arbeitet auch als Bühnen- und Kostümbildnerin für die lettische Oper und hat die blauen Uniformen für die Stewardessen der Air Baltic entworfen. Ein original Jansone-Kleid hat allerdings seinen Preis. Eine vorherige Anmeldung empfiehlt sich.
Altstadt • Jāņa 3 • www.natalija jansone.lv • Mo–Sa 9–17 Uhr

MUSIK

Randoms ▶ S. 118, B 14
Nachdem so manche kleine Musikhandlung schließen musste, hat dieser Laden das Monopol auf CDs. Das Angebot reicht von Klassik, Jazz, Funk bis hin zu lettischer Folklore.
Alstadt • Kaļķu 4 • www.randoms.lv • Mo–Sa 10–22, So 12–20 Uhr

SCHMUCK

Galerija BB/Arte BB ▶ S. 119, E 14
Originelle Ketten, Ringe, Broschen, von lettischen Designern entworfen und alles Unikate. Auch Antiquitäten, zeitgenössische Kunst und Keramik.
Zentrum • Marijas 13 (in Berga Bazārs) • www.galerijabb.lv • Mo–Fr 11.30–18.30 Uhr

Galerie Putti ▶ S. 118, C 15
Origineller Laden, alles handgefertigt und sehr lettisch. Ein Stilmix von Art déco über Bauhaus und Postmoderne bis hin zu verwegenen avantgardistischen Kreationen.
Altstadt • Mārstaļu 16 • www.putti.lv • Mo–Fr 10–18, Sa 11–17 Uhr

Līvs ▶ S. 118, C 14
Geschmackvolle Schmuckauswahl nach alten Vorlagen aus Lettland, die in kleinen Werkstätten liebevoll angefertigt werden, teils aus Silber.
Altstadt • Kalēju 7 • Mo–Fr 10–18, Sa 10–16 Uhr

MERIAN-Tipp

UNA VITA ▶ S. 119, südöstl. F 14
Er ist nicht ganz leicht zu finden, dieser originelle Taschenladen mit eigener Werkstatt. Aber wenn man dann schließlich im richtigen Hinterhof und endlich im Laden steht und die Taschenkollektion begutachtet, geht man bestimmt nicht ohne eine kleine oder große Ledertasche oder einen Ledergeldbeutel wieder hinaus. In der Werkstatt kann man sich auch ein Modell aussuchen, und es wird innerhalb weniger Tage in der gewünschten Farbe und Größe angefertigt. Es existiert auch eine weitere Filiale in Berga Bazārs.
Zentrum • Lāčplēša 87 e (im Hinterhof) • www.unavita.lv • Mo–Fr 9–17 Uhr

SCHUHE

Madam Bonbon ▶ S. 114, C 7
Das kleine Geschäft im Jugendstilviertel ist schon eine Legende, hier werden in einer Altbauwohnung Designer-Schuhe verkauft, auch von lettischen Designern. Jeder Raum ist mit Antiquitäten anders ausgestattet.
Zentrum • Alberta 1–7 a • www.madambonbon.lv • Mo–Fr 11–19, Sa 11–15 Uhr

Zofa ▶ S. 115, D 7
Die originelle Schuhhandlung wird von der Designerin Elīna Dobele selbst geführt, sie verkauft hier nur Originale. Man kann auch exklusive Modelle bei ihr bestellen. Besonders schicke Stiefel mit Fellapplikationen.
Zentrum • Antonijas 22 • www.zofa.eu • Mo–Fr 11–19, Sa 11–15 Uhr

Am Abend
Klassik meets Avantgarde: Opern- und Konzertfans, Theaterliebhaber und Nachtschwärmer treffen in der lettischen Kulturmetropole auf ein außergewöhnliches, vielfältiges Angebot.

Am Abend 35

◄ Cooles Ambiente in der Skyline Bar (► S. 36). Der Blick vom 26. Stock über die Stadt ist kaum zu überbieten.

Nach Riga fährt man in erster Linie wegen des aufregenden kulturellen Angebots: herausragende Opernaufführungen, einmalige Konzerte mit Solisten der Weltklasse, auch internationaler Jazzstars, hochmoderne Theatervorstellungen, ein bunter Festivalstrauß aus Avantgarde bis hin zum klassischen Volkslied. Gerade in den letzten Jahren hat sich Rigas Kulturleben rasant entwickelt. Das lettische Theaterinstitut hat viel dazu beigetragen, dass sich auch ungewöhnliche und neue Wege suchende Aufführungen etablieren konnten.

Aber auch die Clubszene boomt, in der Altstadt ist Club-Hopping angesagt. Nach einem Opernabend ein Kontrastprogramm im Spiķeri-Viertel – Riga macht's möglich.

Europas Kulturhauptstadt

2014 wird Riga die Europäische Kulturhauptstadt sein, neben Umeå in Schweden. Und schon im Vorhinein will die Stadt durch ein paar kulturelle Attraktionen auf sich aufmerksam machen, seien es lange Museumsnächte in den neuen Museen, seien es Konzerte an ungewöhnlichen Orten, wie etwa der heute noch ein wenig brachliegenden Halbinsel Andrejsala, seien es Sängerfeste am Meer im mondänen Jūrmala, oder Jazzkonzerte in angesagten Clubs.

Karten für Oper, Theater und Konzerte kann man über das Internet reservieren oder an den Theaterkassen im Vorverkauf noch vergleichsweise preiswert erwerben. Meist sind gerade die Opernkarten ausverkauft, aber auch kurz vor der Vorstellung werden Tickets zu erschwinglichen Preisen auf dem Schwarzmarkt angeboten.

BARS

Gauja ► S. 115, F 8

Man fühlt sich leicht in eine sowjetische »Kommunalka« im Stil der 70er-Jahre versetzt, aus alten Hi-Fi-Boxen dröhnt Elvis, der bärtige Bartender mixt prima Wodka-Cocktails. Ein Sitzplatz ist Luxus in der Gemeinschaftswohnung.
Zentrum • Tērbatas 56 • tgl. 12–23 Uhr

Knaipe ► S. 119, F 13

Wen die Sehnsucht nach einer zünftigen Westfalenkneipe mitten in Riga überfallen sollte, so richtig mit Fußballübertragung, der ist hier bei deutschen Würstchen und deutschem Weizenbier gut aufgehoben.
Zentrum • Blaumaņa 38/40 • www.knaipe.lv • Mo–Fr 12–24, Sa 12–1 Uhr

La Belle Époque ► S. 118, A 14

Längst kein Geheimtipp mehr, deshalb ist diese Bar mit meist jugendlichem Publikum häufig überfüllt, auch wegen der günstigen Preise. Es gibt sogar einen Absinth, allerdings der Marke »Kopfschuss«.
Altstadt • Mazā Jaunavo 8 • Mo–Sa 17–3 Uhr

Leningrad ► S. 118, C 15

Lenin grinst listig vom Ölbild herab auf das meist Wodka trinkende Publikum aller Altersklassen, er war ja für striktes Alkoholverbot. Davon kann in dieser sowjet-nostalgischen Kneipe nicht die Rede sein. Das Bier ist billig und fließt ebenfalls in Strömen. Manchmal auch Livemusik, verzerrte Balalaika-Klänge.

Altstadt • Kalēju 54 • Mo–Fr 12–24, Sa 12–2 Uhr

Sarkans ▸ S. 115, E 7

Nicht zu übersehen ist diese Bar, das Trendlokal der jungen Kreativen, denn alles ist in Rot gehalten (»sarkans« heißt auf Lettisch rot). Und natürlich werden die Sandwiches mit rotem Kaviar serviert – köstlich.
Zentrum • Stabu 10 • Mo–Do 10–24, Fr, Sa 12–4 Uhr

Skyline Bar ▸ S. 115, D 8

Der Panoramablick aus dem 26. Stock des Hotel Radisson Blu gibt einem das Gefühl, über der Stadt zu schweben. Schon vor dem ersten Sundowner. Nach dem letzten mag man sich wie auf einem schlingernden Ozeandampfer fühlen. Und die Cocktails sind allemal fabelhaft.
Zentrum • Elizabetes 55 • www.skylinebar.lv • Mo–Fr 16–2, Sa 15–3, So 15–2 Uhr

Star Lounge ▸ S. 114, C 7

Man sitzt auf weichen Sofas und hat bei besten, nicht ganz billigen Cocktails einen wunderbaren Blick vom 11. Stock des Hotel Albert im Jugendstilviertel, im Sommer auch mit einer kleinen Terrasse.
Zentrum • Dzirnavu 33 • Mo–Do 15–1, Fr, Sa 15–2 Uhr

Teātra Bārs ▸ S. 119, E 13

Gegenüber vom Jungen Theater, dem Hotspot der Rigaer Theaterszene, trifft man sich hier gerne vor und nach der Vorstellung zu kleinen Snacks und harten Getränken. Unter den Gästen befinden sich viele Theaterleute, und auch zu später Stunde gibt's noch etwas Warmes. Manchmal kann man interessante Musikevents erleben, die bis in die frühen Morgenstunden dauern.
Zentrum • Lāčplēša 26 • www.teatrabars.lv • Mo–Do 10–24, Fr, Sa 11–2, So 11–24 Uhr

Garantiert abseits des Mainstreams: In den Kellergewölben des Nabaklab (▸ S. 37) treffen sich Enthusiasten alternativer Musik zum unprätentiösen Stelldichein.

Am Abend 37

DISKOTHEKEN

Club Essentiell ▶ S. 115, D 8

Hier legen DJs aus der ganzen Welt auf, und so ist Rigas beliebteste Diskothek an Wochenenden nicht selten völlig überfüllt. Getanzt wird auf zwei Ebenen in mehreren Räumen.
Zentrum • Skolas 2 • www.essential.lv • Mi, Do, So 22–5, Fr, Sa 22–9 Uhr

Nabaklab ▶ S. 118, C 13

Avantgardistische Mischung zwischen Club, Diskothek und Galerie im Keller eines alten, einst besseren Wohnhauses. Eigenwillige Musik, nichts soll hier auf Massengeschmack hindeuten. Den Betreibern liegt viel an einer authentischen Atmosphäre.
Zentrum • Zigfrīda Annas Mierovica bulv. 12 (Basteja bulvāri) • www.nabaklab.lv • Mi–Sa 12–5, So–Di 12–2 Uhr

KINO

Riga ▶ S. 119, D 13

Der Besuch des Kinos, gebaut um die Jahrhundertwende, ist unbedingt zu empfehlen, allein schon wegen der Architektur. Im Mittelpunkt stehen das Autorenkino, viele ausländische Produktionen, und manchmal kann man auch einen Berlinale-Film hier sehen. Zudem Live-Übertragungen von Opern und Konzerten. Täglich wird zwischen 10 und 15 Uhr ein halbstündiger Dokumentarfilm über die 800-jährige Geschichte der Stadt gezeigt (Englisch und Russisch).
Zentrum • Elizabetes 61 • Tel. 6 71 81 14 • www.kino.riga.lv

KONZERTE, OPER, THEATER

Karten für viele Konzerte, Theater und Opernaufführungen gibt es im Internet unter www.worldticketshop.de/stadte/riga. Man kann aber auch

MERIAN-Tipp

SINFONIETTA RĪGA (SPĪĶERU KONCERTZĀLE) ▶ S. 118, C 16

Im angesagten Spīķeri-Viertel hat das u. a. vom lettischen Geiger Gidon Kremer hoch gelobte junge Kammerorchester Sinfonietta Rīga seine Heimstatt gefunden. Es sind zahlreiche der musikalischen Avantgarde gewidmete Konzerte im Programm. Die 34 Musiker sind alle nicht älter als 30 Jahre, der Dirigent Normunds Šnē ist für seine unkonventionellen Auftritte bekannt. Zu seinem Repertoire gehören aber auch Entdeckungen im Bereich Alte Musik.
Moskauer Vorstadt • Maskavas 4, Korpus 2/3 • Tel. 67 21 50 18 • www.sinfoniettariga.lv

vor Ort Karten im Vorverkauf erwerben, meistens preiswerter. Folgende Konzertkassen empfehlen sich:

Biļešu paradīze ▶ S. 114, B 8

Zentrum • Kronvalda bulv. 2 • Tel. 90 00 20 00 • www.bilesu paradize.lv • Mo–Fr 10–19, Sa, So 11–18 Uhr

Biļešu serviss ▶ S. 118, C 15

Zentrum • 13. Janvāra 8 (4. Etage im Stockmann-Warenhaus) • www.bilesuserviss.lv • Tel. 67 10 52 20 • tgl. 10–21 Uhr

Ave Sol ▶ S. 114, A 8

Die kleine Peter-und-Paulskirche ist 1987 in einen Konzertsaal für Kammermusik und Chor umgebaut worden. Das Gotteshaus beeindruckt mit seiner hervorragenden Akustik.

Altstadt • Citadeles 7 • Tel. 67 18 11 30 • www.avesol.riga.lv

Dom (Doma baznīca) ▸ S. 118, B 14

Ein Orgelkonzert im Dom ist ein unvergessliches Ereignis. Die Orgel, die 1884 von der berühmten Orgelfirma Walcker aus Ludwigsburg gebaut wurde, ist in den letzten Jahren umfangreich überholt worden. Sie ist eine der letzten großen romantischen Orgeln und wegen ihres Klangs in der ganzen Welt berühmt. Die Konzerte sind manchmal ausverkauft, Karten kann man gegenüber dem Haupteingang erwerben, aber auch im Wagnersaal um die Ecke.
Altstadt • Doma laukums 1 • Tel. 67 21 32 13 • www.doms.lv

Große Gilde (Liela ģilde) ▸ S. 118, B 14

Im Konzertsaal tritt das Lettische Nationalorchester auf, dessen Repertoire neben Barockmusik auf zeitgenössische Kompositionen, Schwerpunkt Baltikum, großen Wert liegt.
Altstadt • Amatu 6 • Tel. 67 22 48 50 • www.lnso.lv/eng

Kleine Gilde (Mazā ģilde) ▸ S. 118, B 14

Es ist ein besonderes Erlebnis, hier ein Kammerkonzert mit Musikern aus Riga zu erleben.
Altstadt • Amatu 3/5 • Tel. 67 22 37 72 • www.gilde.lv/maza

Nationaloper (Nationālā Opera) ▸ S. 118/119, C/D 14

Die Oper ist das Nationalheiligtum der Letten. Die Rigaer nennen das 1919 mit dem »Fliegenden Holländer« als Opernhaus eingeweihte Bauwerk gerne liebevoll das »Weiße Haus«. Schon zu Sowjetzeiten entstanden hier bemerkenswerte Aufführungen von höchstem musikalischen Rang, die sogar auf Auslandstourneen gehen durften – der Liebe der Letten zur Musik geschuldet. Heute ist das Starangebot international geprägt. Das Repertoire umfasst neben Tschaikowsky, Pucci-

---

MERIAN-Tipp 5

NEUES RIGAER THEATER (JAUNAIS RIGAS TEĀTRIS)
▸ S. 119, F 13

Seit 1997 leitet Shootingstar Alvis Hermanis das Theater. Viele Stücke, die er inszeniert hat, gingen inzwischen weltweit auf Tournee, und er erhielt bedeutende internationale Auszeichnungen. Er selbst inszeniert heute mehr im Ausland als zu Hause, und so hat sich eine neue junge Regie- und Schauspielgeneration entwickelt, die an seine anspruchsvollen, ungewöhnlichen Inszenierungen anknüpft, aber auch neue Wege geht. So sollte man, selbst wenn man nicht Lettisch versteht, unbedingt das Theater aufsuchen. Es stehen auch einige Klassiker wie Gogol, Tschechow, Turgenjew, Moliere, Shaw auf dem Programm. Unbedingt Karten im Voraus bestellen. Sollte man wirklich keine Tickets bekommen: Ein Besuch des Zuschauerraums mit seiner etwas abgenutzten Jugendstileinrichtung lohnt sich. Hier wird immer noch die lettische Theaterlegende Eduard Smilgis verehrt, der Anfang des 20. Jh. die Bühne und den Zuschauersaal entwarf.
Zentrum • Lāčplēša 25 • Tel. 67 28 07 65 • www.jrt.lv

Am Abend 39

Der opulent gestaltete Innenraum der Nationaloper (▶ S. 38). Eine hervorragende Adresse für Oper und Ballett, doch man wagt nicht selten auch Experimente.

ni, Mozart, Wagner auch Strawinsky, Schnittke, Henze und Komponisten aus dem Baltikum wie etwa Waks und Paert. Der umtriebige Intendant Andrejs Žagars trägt viel zum internationalen Renommee der Oper bei, ebenso der Regisseur Viesturs Kairišs, dem eine große Karriere in Oper und auch Film vorausgesagt wird. Im Juni wird jährlich das Internationale Opernfestival veranstaltet.
Zentrum • Aspazijas bulv. 3 • Tel. 67 07 37 77 • www.opera.lv

Riga Kongresszentrum
▶ S. 114, B 8

Im Konzertsaal finden internationale Gastspiele, Musicals, Tanzabende und natürlich internationale Kongresse statt. Man kann spontan hingehen, es gibt meist genug Karten.
Zentrum • Valdemāra 5 • Tel. 67 04 36 78 • www.kongresunams. riga.lv

LIVEMUSIK
Četri balti krekli
▶ S. 118, C 15

Eigentlich ein Hotspot für lettische Folk- und Rockmusik, aber auch Nicht-Letten können sich hier für die Livemusik begeistern. Für Hungrige gibt es dazu lettische Speisen.
Altstadt • Vecpilsētas • www.kreki.lv • Mo, Di, So 21–3, Mi–Sa 21–5

Dirty Deal Café
▶ S. 118, C 15/16

In einem Speicher im Spīķeri-Viertel wurde 2006 das DDC als Zentrum für unabhängige Kunst und Kultur gegründet. Hier spielen berühmte Musiker aus Europa und Russland elektronische Musik, Hip-Hop etc., DJs von internationalem Rang legen auf. Alternative Szene, viel Experimentelles. Die Betreiber versuchen trotz Finanznöten unverdrossen, ein kreatives Programm auf die Beine zu stellen.
Moskauer Vorstadt • Maskavas 12 • www.dirtydeal.lv • tgl. ab 12 Uhr

Feste und Events
Singen und Musizieren gehören hier einfach zum Leben, nicht umsonst wird Lettland das Land der Lieder genannt. Gerade in den letzten Jahren hat sich Rigas Kulturleben rasant entwickelt.

◄ Zum Mittsommer (► S. 41) leuchten die Johannisfeuer. Viele Rigaer verbringen die Nacht am Strand von Jūrmala.

FEBRUAR
Traditionelle Fastnacht 👫

Ein Lichtblick während der Wintermonate: Im Ethnografischen Freilichtmuseum wird getanzt und mit großen Pfannkuchen und Punsch in alten Kostümen gefeiert.
Februar/März • Ethnografisches Freilichtmuseum • Bergi • Brīvības gate 440 • Bus, Tram: Etnogrāfiskais • www.brivdabasmuzejs.lv

MÄRZ
Internationales Bach-Kammermusik-Festival

Ein renommiertes Musikfestival, ganz der Alten Musik gewidmet, mit internationalen Solisten. Es finden Konzerte in den bekannten Konzertsälen statt. Das Programm zieht sich bis in den September hinein.
Ab Ende März • www.music.lv/bachfestival

APRIL
Internationales Baltisches Ballettfestival

Seit 1993 findet dieses Festival statt. Der Spielplan umfasst zeitgenössischen Tanz und klassisches Ballett aus aller Welt, die Vorstellungen finden an verschiedenen Orten statt.
Mitte/Ende April • www.balletfestival.lv

MAI
Lange Nacht der Museen

Ein großer Publikumserfolg, besonders in den kleinen, etwas skurrilen Museen, wie etwa den verschiedenen Literaturhäusern.
Mitte Mai • www.culture.lv

Nordea Riga Marathon

Mit rund 9000 Teilnehmern schon ein recht populäres Sportereignis. Man muss nicht die ganzen 42 km durch Altstadt und Zentrum mitlaufen, der Halbmarathon tut's auch.
Wochenende Mitte/Ende Mai • www.nordearigamarathon.lv

JUNI
Lettischer Handwerkermarkt

Traditionelle Verkaufsausstellung von Volkskunst im Freilichtmuseum, umrahmt von einem Volksfest.
Anfang Juni • Ethnografisches Freilichtmuseum • Bergi • Brīvības gate 440 • www.brivdabasmuzejs.lv

Time to dance

Internationales Tanzfestival, geleitet von lettischen Choreografen. Vorführungen, Workshops, Performances. An unterschiedlichen Orten.
Anfang Juni • www.dance.lv

Opera-Festival

Gäste aus der ganzen Welt reisen zu diesem renommierten Festival an, das seit über einem Jahrzehnt die besten Produktionen der Lettischen Oper zeigt. Mit Starbesetzungen.
2 Wochen im Juni • Zentrum • Lettische Nationaloper • www.opera.lv

Mittsommerfest (Ligo und Jāni) 👫

Für die Letten sind die Mittsommernächte die Höhepunkte des Jahres. Nach alter Tradition feiern sie das Fest gern mit der Familie in der Natur, es wird ein besonderes Brot gebacken, der Johanniskäse mit Kräutern gehört dazu. Und natürlich das Johannisfeuer. In Riga finden Tanz und Gesang rund um den Domplatz statt, außerdem ein Grüner Markt.
23./24. Juni

Festival Riga-Rhythmen
Ein Potpourri moderner Rhythmen, mit viel Jazz und bekannten europäischen Stars. Unter freiem Himmel am Dom, auch im Konzertsaal des Rigaer Kongresszentrums.
Ende Juni/Anfang Juli • www.rigasritmi.lv

Ein Highlight für Theaterfans: das Festival Homo Novus (▶ MERIAN-Tipp, S. 43).

JULI
Kremerata Baltica Festival
Der begnadete Geiger Gidon Kremer, heute ein international bekannter Star, stammt ursprünglich aus Riga. Hier gründete er vor 20 Jahren sein Kammerorchester, das alljährlich mit viel zeitgenössischer Musik aus Osteuropa Anfang Juli in Riga in verschiedenen Konzertsälen der Stadt seinen großen Auftritt hat.
Anfang Juli • www.music.lv/festival/kremerata.htm

Internationales Festival der Orgelmusik im Dom zu Riga
Den ganzen Juli über spielen Organisten aus der ganzen Welt auf der berühmten Orgel aus dem Jahr 1884.
Juli • Altstadt • Rigaer Dom • www.doms.lv/koncerti

Internationales Festival der Alten Musik
Traditionelle Aufführungen an verschiedenen Orten, u. a. im Dom, in der Großen und Kleinen Gilde oder im Wagnersaal. Bekannte Kammerorchester aus West und Ost mit Schwerpunkt auf Barock. Viele unbekannte Komponisten der Alten Musik.
Anfang/Mitte Juli • www.latvijaskoncerti.lv

Folklorefestival Baltica
2012 ist Lettland an der Reihe bei dieser jährlich in einem der drei baltischen Länder stattfindenden Volkslied- und auch Tanzveranstaltung. Es gibt riesige Freiluftkonzerte um Dom und Freiheitsdenkmal.
Mitte Juli • www.folklorasbiedriba.lv

Allgemeines Lettisches Lieder- und Volkstanzfest
Gegründet schon im 19. Jh., als die Letten um ihre Freiheit kämpften und gegen die »Besatzer«, ob Russen oder Deutsche, ihre Volkslieder schmetterten, gehört diese Festivität heute zum UNESCO-Welterbe. Sie findet bisher alle fünf Jahre statt, das nächste Mal im Jahr 2013. Neue Daten sind allerdings in Planung. An die 30 000 Menschen kommen aus allen Teilen des Landes zusammen, musizieren und tanzen in Trachten gekleidet an verschiedenen Orten der Stadt. Ein faszinierendes Spektakel.
Mitte Juli • www.songcelebration.lv

AUGUST
Stadtfest 👫

Der Geburtstag der Stadt wird in jedem Jahr um den 19. August groß gefeiert. Dies ist ein Anlass für Straßenumzüge, Konzerte und Kinderprogramm rund um den Dom.
Mehrere Tage um den 19. August • www.rigatourism.lv

Internationales Festival der sakralen Musik

Der Akzent liegt auf sakraler Chormusik, viele große Kompositionen osteuropäischer Komponisten kommen zur Aufführung. z. B. Schnittke, Denissow, Kantscheli, Gubaidulina. Beeindruckende Events im Dom.
Ende August/Anfang September • Altstadt • Rigaer Dom • www.sacredmusicfestival.lv

SEPTEMBER
Weiße Nacht (Baltā nakts)

Ein neues avantgardistisches Kunstfestival, sozusagen eine lange Nacht der Gegenwartskunst, wobei alle neuen Kunstorte – Spīķeri, auch die Halbinsel Andrejsala mit ihren Industriebauten – bespielt werden. Performances, Musiktheater, Installationen, Ausstellungen.
Anfang September • www.baltanakts.lv

Internationales Filmfestival Arsenals

Das Ereignis findet alle zwei Jahre statt (ungerade Jahreszahlen, das nächste 2013), und man hat sich zum Ziel gesetzt, ungewöhnlichen, experimentellen Filmen ein Forum zu geben. Der Gewinner des Festivals, das um die 20 Filme umfasst, wird per Los entschieden.
Mitte/Ende September • Altstadt • Arsenal • Torņa 1 • www.arsenals.lv

MERIAN-Tipp
HOMO NOVUS

Das lettische Theaterinstitut, international vernetzt und sehr aktiv, veranstaltet seit 1995 alle zwei Jahre ein weltweit beachtetes Theaterfestival mit Schwerpunkt auf jungen experimentellen Inszenierungen aus den Nachbarländern. Themen werden vorgeschlagen, ob sie nun Liebe, Katastrophen, Klimawechsel heißen. Angestrebt werden auch Koproduktionen mit lettischen Ensembles. An verschiedenen Orten in der Stadt.
Anfang September in ungeraden Jahren • www.homonovus.lt

OKTOBER
Baltic Pearl Filmfestival

Auch Weltstars schauen bisweilen vorbei. In verschiedenen Kinos der Stadt gibt es ein seriöses Programm.
Mitte/Ende Oktober • www.balticpearl

NOVEMBER
Weltmusikfestival Porta

Folklore von Weltrang steht im Mittelpunkt dieser Veranstaltung, die sich schon seit 10 Jahren behauptet. Es kommen Gruppen aus Georgien, Armenien, Island, Irland, Moldawien. Auftritte in der ganzen Stadt.
Anfang November • www.festivalporta.lv

DEZEMBER
Weihnachtsmarkt

Großer Adventsmarkt auf dem Rathaus- und Domplatz. Weihnachtliche Konzerte und traditionelle Feste an diversen Orten.
Anfang Dezember

Familientipps
Die Letten sind ausgesprochen kinderfreundlich. Riga kann Familien viel Abwechslung bieten, ob am Ostseestrand oder in einem der vielen interessanten Museen.

◀ Lehrstunden für den Nachwuchs: Mineralienkunde für Einsteiger im Lettischen Naturkundemuseum (▶ S. 45).

Eisenbahnmuseum (Latvijas dzeizceja muzejs) ▶ S. 117, D 12

Ein kurioses Museum, eingerichtet in einer alten Maschinenhalle voller Eisenbahnen, darunter Elektroloks, Dieselloks, ein Passagierwaggon aus den 30er-Jahren oder ein historischer Transportwaggon für Gefangene. Dazu historische Fotos und viele interessante Gegenstände aus dem Eisenbahnumfeld.
Ageskans/Pärdaugava • Uzvaras 2/4 • Tram: Uzvaras • www.railwaymuseum.lv • Di, Do–Sa 10–17, Mi 11–20 Uhr • Eintritt 2 Ls, Kinder 0,50 Ls

Kanalfahrt mit dem historischen Schiff »Darling« ▶ S. 118, B/C 13

Die Fahrt beginnt am Pulverturm, am Ufer der Daugava befindet sich unübersehbar eine Anlegestelle. Das Schiffchen gehörte einmal der schwedischen Musikgruppe ABBA, deren Musik bei der Fahrt durch den Altstadtkanal mit seinen vielen Brücken gespielt wird. Auch zwei neuere Boote, die »Maria« und die »Rebeka«, befahren die Route. Man kann bei jeder der Anlegestellen aussteigen, doch die gesamte Fahrt, die ungefähr 70 Min. dauert, vermittelt die lettische Hauptstadt einmal aus einer ganz anderen Perspektive.
www.kmk.lv • Okt.–Mai halbstündlich 12–22 Uhr • 4 Ls, Kinder 2 Ls

Lettisches Naturkundemuseum (Dabas vēstures muzejs)
▶ S. 115, F 8

Das 1845 gegründete Museum zeigt heute anschaulich seine naturkundlichen Schätze, den Jahreszeiten entsprechend finden auch Pflanzen- und Blumenausstellungen statt. Besonders beliebt ist im Herbst die Präsentation aller Pilzsorten, die man in den lettischen Wäldern finden kann. Im Winter lockt ein weiteres Highlight: In gekühlten Glaskapseln kann man die unendlich vielen Formen von Eiskristallen bewundern und das »Geräusch« von Schnee hören. Neuerdings ist das Museum mit Simulatoren ausgestattet, die beispielsweise die Schwankungen eines Erdbebens nachahmen können.
Zentrum • Kr. Barona 37/39 • www.dabasmuzejs.gov.lv • Mi 10–17, Do 10–19, Fr–So 11–17 Uhr • Eintritt 2 Ls, Kinder 1Ls

---

MERIAN-Tipp

STRAND VON VECĀĶI
▶ Klappe hinten

Ein Ausflug an die Ostsee – diesmal nicht nach Jūrmala, sondern in die andere Richtung, nach Vecāķi, am besten mit der Bahn. In 40 Min. ist man nach einem kurzen Weg am wunderschönen, nicht überlaufenen Sandstrand von Vecāķi. Auf dem Weg zum Meer kommt man an diversen Läden vorbei, um sich für ein Picknick auszustatten. Der Strand von Vecāķi ist sauber, es gibt kleine Umzugskabinen und ein paar Getränkekioske. Wer will, kann sich in die Dünen und Kiefernwälder zurückziehen und mit den Kindern einen ruhigen Strandtag verbringen.
Vom Hauptbahnhof in Richtung Saulkrastii (bzw. Tallinn); Vecāķi aussteigen, der kurze Weg zum Strand ist ausgeschildert

Lettisches Puppentheater (Latvijas leļļu teātris) ▸ S. 119, E 13

Puppentheater waren früher im Baltikum eine etwas verstaubte Angelegenheit, doch heute hat sich das grundlegend geändert. Das Puppentheater in Riga ist Gast auf internationalen Festivals für dieses Metier. Sein Repertoire umfasst lettische und internationale Märchen, aber auch Stücke mit Gegenwartsbezug. Eine fantasievolle Ausstattung sowie eine höchst artistische Puppenführung zeichnen das Theater aus. Man muss also nicht unbedingt Lettisch verstehen, um einen beglückenden Nachmittag erleben zu können. Eine Kleine Puppenausstellung im Foyer kann vor und nach den Veranstaltungen besichtigt werden.
Zentrum • K. Barona 16/18 • www.puppet.lv

LiteraTour

Der in Riga lebende Schriftsteller und Übersetzer Matthias Knoll verfolgt seit nunmehr elf Jahren ein einziges Ziel: Er will dem Besucher die Geisteswelt Lettlands nahebringen. Dazu geht er in jeder Hinsicht unkonventionelle Wege – in Altstadtgassen, Parks, Hinterhöfen und auf Plätzen und Museen liest er aus seinen Übersetzungen lettischer Autoren, er trägt Gedichte, Romane und Theaterstücke vor. Die Besucher gewinnen durch diese literarischen Stadtspaziergänge einen unvergesslichen Einblick in die Seele der Stadt, ihre Kultur und Identität.
Jede LiteraTour ist einzigartig, hängt vom jeweiligen Publikum, aktuellen Ereignissen, auch vom Wetter ab. Am besten ist es, den äußerst liebenswürdigen Autor per E-Mail vor der Riga-Reise zu kontaktieren, um mit ihm die Tour, die Teilnehmerzahl und den Preis zu erörtern.
www.literartur.lv

Puppen-Museum (Leļļu māksalas muzejs) ▸ S. 118, C 14

Nicht nur für Kinder empfiehlt sich dieses originelle, traditionsreiche Museum in der Altstadt: eine große Kollektion verschiedener Puppen, die älteste stammt aus dem Jahr 1802. Ausgestellt sind Porzellanpuppen, Plastikpuppen aus der Sowjetzeit, deutsche Puppen der Marke Schildkröt, Käthe-Kruse-Puppen. Zudem niedliche kleine Einrichtungsgegenstände aus historischen Puppenhäusern, Teddybären, Kasperlepuppen. Auch die deutsche Marke Steiff ist mit vielen Exponaten vertreten.
Altstadt • Teātra 3 • www.dollart.lv • tgl. 11–17 Uhr • Eintritt 2 Ls, Kinder 0,50 Ls

Riga Motormuseum (Rīgas Motormuzejs) ▸ Museen, S. 76

Zirkus (Rīgas cirks) ▸ S. 119, D 13

Ein Zirkusbesuch in einem der ältesten Zirkusse der Welt ist schon eine kleine Sensation. Man merkt, dass die Artisten fast alle die strenge russisch-sowjetische Schule durchlaufen haben: hervorragende Akrobaten, witzige Clowns, die auf die Kinder eingehen, aber auch recht riskante Nummern mit Motorrädern. Das Zirkusgebäude mit seiner Kuppel wurde in den letzten Jahren liebevoll restauriert, es kann auf eine hundertjährige Tradition zurückblicken. Auch im Winter wird gespielt, besondere Vorstellungen gibt es an den Weihnachtstagen.
Altstadt • Merķela 4 • www.cirks.lv

Familientipps 47

Märchen aus aller Welt, beliebte Helden der Kinderliteratur, aber auch zeitgenössische Werke – das Repertoire des Lettischen Puppentheates (▶ S. 46) ist vielseitig.

Zoologischer Garten (Zooloģiskais dārzs) ▶ S. 115, nordöstl. F 5

Der Zoo liegt etwas außerhalb der Stadt, ist aber unbedingt einen Besuch wert, schon wegen seines gelungenen Tropenhauses mit Vögeln, Insekten, Schlangen und Krokodilen. Auf einer Fläche von 20 ha gibt es rund 400 verschiedene Tierarten in Gehegen und Ställen. Attraktionen sind die seltenen sibirischen Leoparden. Die tägliche Tierfütterung findet von 11.30 bis 14 Uhr statt. Die Zoodirektion will ihren Zoo ausdrücklich nicht als »Tierknast« verstanden wissen. Sie sieht es als ihre Aufgabe an, vielen bedrohten Wildtierarten ein neues Zuhause zu vermitteln. Man sollte 2 bis 3 Std. für einen Besuch einplanen.

Meža • Meža prospect 1 • Tram 11: Zooloģiskais dārzs • www.rigazoo.lv • Sommer tgl. 10–18, Winter tgl. 10–16 Uhr • Eintritt 4 Ls, Kinder 2 Ls

---

👪 Weitere Familientipps sind durch dieses Symbol gekennzeichnet.

Blick von der St. Petrikirche auf die Altstadt mit dem Dom St. Marien (▶ S. 54). Im Hintergrund überspannt die Kabelbrücke Vanšu tilts die Daugava.

Unterwegs in Riga

Was kann man bei Streifzügen durch die Ostseemetropole nicht alles entdecken: mittelalterliche Kirchen, schmucke Kaufmannshäuser, überbordende Jugendstilfassaden, Kunst in Speicheranlagen …

Sehenswertes
Hanseatisch geprägtes Mittelalter und eine dynamische Gegenwart – Riga glänzt mit herausragenden Sehenswürdigkeiten, restaurierte Kleinode sind in der ganzen Stadt zu finden.

◄ Romantische Giebelhäuschen, kopfsteingepflasterte Gassen – Rigas Altstadt ist ein architektonisches Juwel.

Riga kann man problemlos zu Fuß erobern, die Wege zwischen den Sehenswürdigkeiten in der Altstadt und im Jugendstilviertel betragen maximal 30 Min. Ein strapazierfähiges Schuhwerk sollte allerdings zum Reisegepäck gehören! Die idyllische Altstadt mit ihrem Kopfsteinpflaster, verwinkelten Gässchen, ihren kleinen Läden und Cafés lädt ebenso zum Flanieren ein wie das bezaubernde Jugendstilviertel mit seinen aufwendig restaurierten Wohnhäusern und den üppig verzierten Fassaden.

Riga ist eine Stadt am Fluss, am Wasser, letztendlich am Meer. Ein Spaziergang entlang der Uferstraßen der Daugava führt Rigas große Vergangenheit als Hansestadt vor Augen. Die pulsierende Metropole des Baltikums erlebt man hier am besten bei Sonnenuntergang, wenn die Sonne den Hafen mit seinen riesigen Kränen und Frachtschiffen in ein geheimnisvolles Licht taucht.

Riga ist in der Gegenwart angekommen. In den letzten Jahren ist viel gebaut worden, wobei die Stadtväter auf einen eigenen lettischen Baustil Wert legen. Dass man sich bei der Realisierung großer Projekte auch überheben kann, das zeigen die unvollendeten Gebäude der neuen lettischen Nationalbibliothek am Flussufer und des geplanten riesigen Konzertsaals. Die große, fast fertiggestellte Baustelle der Bibliothek prägt schon seit einigen Jahren die Skyline der Stadt.

Auf jeden Fall ist der Erwerb einer **Riga-Card** (▸ S. 108) zu empfehlen, sie bietet Ermäßigungen bei Museen und im öffentlichen Nahverkehr.

SEHENSWERTES

Akademie der Wissenschaften (Zinātņu Akadēmija)

▸ S. 119, E 15/16

Das Hochhaus der lettischen Akademie der Wissenschaften liegt in der Moskauer Vorstadt und ist nicht zu übersehen – ein Geschenk von Joseph Stalin, der sich ja auch zum Wissenschaftler berufen fühlte, an seine lettischen Kollegen zu Beginn der 50er-Jahre. Der Architekt Osvalds Tilmanis hatte in Moskau bei dem großen Meister für sozialistische klassische Architektur, Dmitri Tschetschulin, studiert. Der Baustil wird gerne etwas verächtlich »Zuckerbäckerstil« genannt, weil er an riesige russische Torten erinnert. Heute aber ist er wieder sehr aktuell und wird erneut geschätzt. Die Innenausstattung ist pompös, man kann einen Blick ins riesige Vestibül werfen. In den Sommermonaten führt ein Aufzug in den 17. Stock (2 Ls). Man hat dort einen atemberaubenden Blick über die Stadt und das Wasser. Moskauer Vorstadt • Akadēmijas laukums 1 • www.lza.lv

Alberta iela 2

▸ S. 114, C 7

Die Albert-Straße, benannt nach dem Gründervater der Stadt, Bischof Albert, ist ein Paradebeispiel für den Jugendstil in Riga. Hier befindet sich auch ein kleines **Jugendstilmuseum** (▸ S. 76). Riga ist vom Jugendstil geprägt, der hier an der Wende zum 20. Jh. Einzug hielt und seine Blüte erlebte. Der Stil ging mit der Entwicklung Rigas zu einer der bedeutendsten Hafenstädte an der Ostsee einher, die Einwohnerzahl sprang auf über eine halbe Million. Das rasch expandierende Wirtschaftszentrum brauchte dringend Wohnraum für

SEHENSWERTES

MERIAN-Tipp

ANDREJSALA ▸ S. 113, E 1–3
Auf dieser Halbinsel nördlich der Altstadt soll einmal Rigas Kunstleben pulsieren. Die Stadt hat große Pläne mit dem ehemaligen Industriegelände am Hafen: Hier wird der holländische Architekt Rem Koolhaas ein ehemaliges Heizkraftwerk mit seinen Schornsteinen in ein einzigartiges Kunstzentrum verwandeln, das dann, ähnlich dem Guggenheim-Museum in Bilbao, Kunstliebhaber aus aller Welt anziehen soll. Koolhaas will viele Gebäude des Komplexes erhalten und überbauen. Noch allerdings ist die Finanzierung nicht gesichert. Alle Hoffnungen richten sich auf 2014, wenn Riga Kulturhauptstadt Europas sein wird. Noch kann man auf dem verwunschenen Gelände interessante Industrieruinen entdecken, alte Getreidesilos, ehemalige Lagergebäude. Und das Museum für Naive Kunst ganz am Anfang der Halbinsel hält die Stellung. Kunstinteressierte sollten einen Besuch auf Andrejsala jedenfalls einplanen. Irgendetwas tut sich da immer, ob es spontane Künstlerpartys sind, Vernissagen unter freiem Himmel oder Konzerte. Und: Der Blick auf den Fluss mit seinen Hafenanlagen ist einmalig!
Andrejsala • www.andrejsala.lv

Aktienbank (Unibanka)
▸ S. 118, C 14
Eines der wenigen Architekturdenkmäler der funktionalen Architektur in Riga von 1931. Mit den geschwungenen Fensterbändern fällt es in der Altstadt besonders ins Auge. Heute beherbergt es die Unibank Lettlands.
Altstadt • Kaļķu 13

Barons Denkmal ▸ S. 118, C 13
Kršjānis Barons (1835–1923) ist der Vater der lettischen Volkslieder, der sogenannten »dainas«. Das sind kurze, meist vierzeilige Lieder, mit denen das tägliche Leben besungen wurde. Dem Schriftsteller es ist zu verdanken, dass dieses über Jahrhunderte nur mündlich überlieferte Liedgut heute erhalten ist. Barons sammelte und archivierte die »dainas« und konnte sich dabei zum Teil auf die Forschungen des deutschen Gelehrten Herder stützen. Zuerst bewahrte er die einzelnen Blätter in Zigarrenschachteln, dann konstruierte er ein besonderes Pult für die Schätze. Um die Jahrhundertwende gab er die Lieder in sechs Bänden heraus. In der lettischen Kultur sind die »dainas« auch heute noch lebendig. Zu seinem 150. Geburtstag wurde Barons ein Denkmal auf dem Basteiberg errichtet.
Zentrum • Basteiberg (Bastejkalns)

Brüderfriedhof (Brāļu kaapi)
▸ S. 115, nordöstl. F 5
Für die Geschichte des Landes ist dieser Friedhof von großer Bedeutung, ruhen doch hier an die 2000 lettische Gefallene des Ersten Weltkriegs und der nationalen Befreiungskriege. Er wurde zwischen 1924 und 1936 vom berühmten lettischen Bildhauer Kārlis Zāle, der auch das Freiheitsdenkmal entworfen hatte, errichtet.

das betuchte Bürgertum, ein Bauboom setzte ein. Dem Architekten Michail Eisenstein sind hier und in den benachbarten Straßen viele bedeutende Bauten – architektonische Gesamtkunstwerke – zu verdanken.

WUSSTEN SIE, DASS …

… der berühmte Komiker Heinz Erhardt 1909 in Riga geboren wurde? Sein Vater war Kapellmeister am Rigaer Opernhaus, er selbst arbeitete in der Musikalienhandlung seines Großvaters.

Eine Lindenallee führt durch ein monumentales Tor zu einer Terrasse mit dem ewigen Feuer, dahinter befinden sich die Gräber. Das eindrucksvolle Denkmal wurde zum Vorbild ähnlicher Monumente in ganz Europa.
Mežaparks • Aizsaules 1 b • Tram 11: Brāļu kapi

Christi-Geburt-Kathedrale (Kristus dzimšanas katedrāle)
▸ S. 115, D 8

Zu Sowjetzeiten beherbergte das orthodoxe Gotteshaus mit seinen fünf Kuppeln ein Planetarium und einen Vorlesungssaal, im Volksmund wurde es »Gottes Ohr« genannt. Die Kirche wurde vom russischen Zaren Alexander II. um das Jahr 1850 in Auftrag gegeben und von Robert August Pflug gebaut. Dieser hatte in St. Petersburg Architektur studiert und war mit dem orthodoxen Kuppelbau vertraut. Während der deutschen Besatzung diente die Kirche der Wehrmacht als Garnisonskirche. Heute befindet sie sich wieder im Besitz der orthodoxen Gemeinde.
Zentrum • Brīvības bulv. 23

Dannensternhaus (Dannenšterna nams) ▸ S. 118, C 15

Das barocke palastähnliche Haus eines reichen holländischen Kaufmanns war innen einstmals komfortabel ausgestattet. Eine große Halle mit Delfter Kacheln war dem Empfang wichtiger Persönlichkeiten vorbehalten. Im Erdgeschoss befanden sich auch die Geschäftskontore, und das Dachgeschoss mit seinen fünf Etagen wurde als Warenlager benutzt. Wenn die Restaurierungsarbeiten abgeschlossen sind, wird sich das Haus in die besonderen Schmuckstücke der Rigaer Architektur einreihen.
Altstadt • Mārstaļu 21

Wegzeiten (in Minuten) zwischen wichtigen Sehenswürdigkeiten

	Alberta-straße	Dom St. Marien	Freiheits-denkmal	Mentzendorff-Haus	National-museum	Nationaloper	Schloss	Schwarz-häupterhaus	St.-Petri-Kirche	Speicher-komplex
Albertastraße	–	25	20	25	15	20	25	25	25	30
Dom St. Marien	25	–	10	5	15	15	5	5	5	20
Freiheitsdenkmal	20	10	–	10	10	5	15	10	15	25
Mentzendorff-Haus	25	5	10	–	10	15	10	5	5	20
Nationalmuseum	15	15	10	10	–	10	20	15	20	25
Nationaloper	20	15	5	15	10	–	20	15	15	25
Schloss	25	5	15	10	20	20	–	10	10	15
Schwarz-häupterhaus	25	5	10	5	15	15	10	–	10	25
St.-Petri-Kirche	25	5	15	5	20	15	10	10	–	25
Speicherkomplex	30	20	25	20	25	25	15	25	25	–

Denkmal Große Choralsynagoge (Pienineklis Kar Schul)

▶ S. 119, F 16

Die ehemalige Große Choralsynagoge Kar Schul wurde 1871 in der Moskauer Vorstadt eingeweiht, hier lebten schon im 19. Jh. viele russische und jüdische Bürger Rigas. Die **Synagoge** war die größte in Riga. Am 4. Juli 1941, als die Nazis Riga besetzt hatten, wurde das Gotteshaus, in dem sich auch geflüchtete Juden aus Vilnius aufhielten, angezündet, Hunderte starben elendig in den Flammen. In den 90er-Jahren wurde das Gelände, auf dem nur noch Mauerreste und das Fundament der Synagoge standen, in ein beeindruckendes Denkmal umgewandelt. Auf einer überdimensionalen, schräg stehenden Betonmauer sind Tausende von Namen der Opfer des Holocausts eingemeißelt.

Moskauer Vorstadt • Dzirnavu/Ecke Gogoļa • Trolleybus: Dzirnavu/Gogoļa

Dom St. Marien (Doma baznīca) 3

▶ S. 118, B 14

Dank seiner architektonischen Substanz, seines Alters und seiner Größe gilt der Dom zu Riga als bedeutendster Sakralbau des Baltikums. Seine unterschiedlichen Baustile reichen von der Romanik (Chor, Kreuzgang) über Barock (Kanzel mit ihren Holzschnitzereien) bis hin zu Elementen des Jugendstils (westliche Vorhalle). 1211 legte der deutsche Bischof Albert von Buxhoeveden den Grundstein für das Gotteshaus. Als Vorbild diente der Dom der Hansestadt Lübeck. Diese Stadt war dem Bischof und seinen Kreuzrittern wohlbekannt, bildete sie doch gewissermaßen den Ausgangspunkt für die Eroberung des Baltikums. Papst Innozenz VI. hatte 1254 alle Gläubigen in und um Riga aufgerufen, zur Finanzierung des Doms beizutragen. Gegen milde Gaben wurde ihnen ein 40-tägiger Sündenerlass gewährt.

Im Lauf der Jahrhunderte hat der beeindruckende Bau mehrfach sein Aussehen geändert, während der Reformation wurden erhebliche Teile der Inneneinrichtung von Bilderstürmern zerstört. Allerdings erhielt der Dom auch neuen Wandschmuck: Die deutschen Honoratioren ließen Grabplatten anfertigen, die sie möglichst nahe am Altar aufstellen ließen. Dafür flossen nicht geringe Beträge in die Kirchenkasse. Diverse Feuersbrünste hinterließen ihre Spuren, der Turm wurde wiederholte Male von Blitzschlägen heimgesucht. Der 90 m hohe Turm, so wie wir ihn heute sehen, stammt aus dem Jahr 1776. Der goldene Wetterhahn auf der Spitze ist allerdings eine Kopie aus neuester Zeit, das Original ist im Kreuzgang ausgestellt.

Der ursprünglich romanische Stil des Gotteshauses hat sich noch im östlichen Bauabschnitt mit dem Chor und dem massiven Querhaus erhalten. Aus der gleichen Zeit stammen der außergewöhnlich große **Kreuzgang** und der Kapitelsaal im angrenzenden Kloster. Das Kloster beherbergte die Domschule, an der 1764 bis 1759 der deutsche Gelehrte Johann Gottfried Herder tätig war. Seit Ende des 19. Jh. ist in den ehemaligen Klostergebäuden das **Museum für Rigaer Stadtgeschichte und Schifffahrt** untergebracht (▶ S. 75). Besonders attraktiv ist der Dom aber bis heute wegen seiner Glasfenster und der Orgel. Der aus Sachsen stammende Historienmaler Anton Dietrich wurde 1889 mit Entwürfen

Denkmal Große Choralsynagoge – Drei Brüder

Im Innenraum des Doms zu Riga (▶ S. 54) bezaubert der geschnitzte Orgelprospekt aus der Zeit um 1600 sowie die nur wenig später entstandene Kanzel.

für die **Glasfenster** beauftragt. Sie stellen Szenen aus der Bibel und aus der Rigaer Stadtgeschichte dar.
Die **Orgel**, die im Jahr 1884 von der Ludwigsburger Firma Walcker angefertigt wurde, war damals mit ihren 6700 Pfeifen die größte und technisch perfekteste Orgel der Welt. Ein Konzert im Dom mit gewaltigem Orgelklang sollte man nicht verpassen und bei dieser Gelegenheit einen Blick auf das barocke Schnitzwerk des Orgelprospekts werfen. Auch heute treten hier wieder die bedeutendsten Orgelspieler der Welt auf.

Der Dom ist Sitz des Erzbistums der lettischen evangelischen Kirche.
Altstadt • Doma laukums 1

Drei Brüder (Trīs brāļi)
▶ S. 118, A 13

Drei Häuser schmiegen sich mit ihren Giebelfronten so dicht aneinander, dass man sie die Drei Brüder nannte. Das älteste, weiße Haus stammt mit seinem Staffelgiebel aus dem 15. Jh., die beiden anderen datieren aus dem 17. und Beginn des 18. Jh. Im Inneren hat man die mittelalterliche Baustruktur erhalten:

Empfangshalle unten, ein Mantelschornstein, eine vergleichsweise geräumige Diele. Steile Holztreppen führen in die Wohngemächer. Ganz oben sind die Vorrats- und Warenlager. Im Gebäudekomplex ist heute ein von Spezialisten gern besuchtes Architekturmuseum untergebracht.
Altstadt • Māza Pils 17, 19, 21

Freiheitsdenkmal (Brīvības piemineklis) 4 ▶ S. 118, C 13

Das Monument, Symbol der nationalen Einheit des Landes und der Unabhängigkeit der Stadt, wurde Ende der 20er-/Anfang der 30er-Jahre ausschließlich durch Spenden freiheitsliebender Rigaer Bürger finanziert. Entworfen hatte es der lettische Bildhauer Kārlis Zāle, der auch den Brüderfriedhof projektiert hatte. Zāle legte besonderen Wert auf die Gestaltung der Figuren an den Sockelecken, die die tägliche Arbeit, die Verteidigung des Vaterlandes, Familie und Kultur symbolisieren.

In 42 m Höhe hält das lettische Mädchen Milda drei Sterne hoch in den Himmel. Sie stehen für die drei lettischen Provinzen: Kurzeme, Vidzeme, Latgale. Für die Letten ist das Denkmal von großer nationaler Bedeutung, auch während der Herrschaft der Sowjets war es ein beliebter Treffpunkt für Demonstrationen und Versammlungen. Regelmäßig werden Blumen am Denkmal niedergelegt, in Erinnerung an all die Menschen, die während der Sowjetzeit deportiert wurden. Stündlich zwischen 9 und 18 Uhr wechselt die Ehrenwache.
Zentrum • Brīvības bulv.

Großer Christophorus (Lielais Kristaps) ▶ S. 118, A 14

Der Schutzheilige Rigas. Er soll die Stadt insbesondere vor Hochwasser schützen, deshalb steht der Große

Eine Replik des Großen Christophorus (▶ S. 56), des Schutzheiligen Rigas, ziert das Flussufer der Daugava. Im Hintergrund erkennt man das Hochhaus der Swedbank.

Christophorus seit dem 16. Jh. am Ufer der Daugava. Auf seiner Schulter lastet ein Kind, das er der Sage nach über den Fluss gerettet hat. Die Rettung ist ihm schließlich vergoldet worden. Heute zählt das Original im Museum für Schifffahrt zu den sehenswertesten Exponaten, am Ufer der Daugava steht eine Nachbildung.
Altstadt • an der Daugava auf Höhe des Schlosses

Große Gilde (Lielā ģilde)

▶ S. 118, B 14

Die große Gilde war das Verbandshaus wohlhabender, meist deutschstämmiger Kaufleute, der erste Bau im gotischen Stil geht auf das 14. Jh. zurück. Dieser wurde in der Mitte des 19. Jh. grundlegend im Tudorstil überholt. Einzig die Brautkammer aus dem 16. Jh. und ein Kamin aus dem 17. Jh. blieben original erhalten. Leider wurde das kostbare Interieur in den Kriegen zerstört. Heute finden im großen Saal, der über eine ausgezeichnete Akustik verfügt, Konzerte der Rigaer Philharmoniker statt.
Altstadt • Amatu 6

Herderplatz (Herdera laukums)

▶ S. 118, A/B 14

Dieser Platz ist einer der ältesten der Stadt, hier stand einstmals die Stadtwaage. Erst im 19. Jh. wurde er in Herderplatz umbenannt. Der deutsche Gelehrte und Dichter Johann Gottfried Herder (1744–1803) verbrachte fünf Jahre (1764–1769) in Riga als angesehener Pädagoge und Gelehrter an der Domschule. »Ich habe in Livland so frei, so ungebunden gelebt, gelehrt, gehandelt, als ich vielleicht nie mehr imstande sein werde zu leben, zu lehren, zu handeln«, sagte er später über jene Zeit.

Doch andererseits bedrückte ihn die provinzielle Kleingeisterei, die Geldgier der städtischen Kaufleute, die Bestechlichkeit zaristischer Beamter, die Despotie baltendeutscher Gutsherren gegenüber ihren lettischen und estnischen Knechten.
Herder sammelte und übersetzte in Riga aber auch lettische Gedichte und altes Liedgut der zumeist bäuerlichen Bevölkerung. Im Rahmen seiner Studien trug er auch die lettischen »dainas« zusammen, kurze, meist vierzeilige Verse, die über die Jahrhunderte nur mündlich überliefert wurden. Dass er gewissermaßen der Geburtshelfer des lettischen Nationalgefühls ist, hat man in Riga nicht vergessen und ihm vor der Stätte seines Wirkens, an der Domschule, ein **Denkmal** errichtet, von zwei Eichen umrahmt. Die Büste wurde allerdings nach dem Zweiten Weltkrieg entfernt und erst 1959 wieder aufgestellt, als eine Delegation aus der DDR in Riga zu Besuch war.
Altstadt • Herdera laukums

Katzenhaus (Kaķu nams)

▶ S. 118, B 14

Mit dem Katzenhaus, einem bemerkenswerten Jugendstilwohnhaus aus dem Jahr 1909, hat es eine besondere Bewandtnis: Aus Ärger über die Arroganz der Großen Gilde, die ihn nicht aufnehmen wollte, beschloss ein wohlhabender Rigaer Geschäftsmann, zwei bronzene Katzen auf den Türmchen so zu platzieren, dass sie dem Gildehaus ihre Hinterteile mit erhobenem Schwanz entgegenstreckten. Es folgte eine langwierige juristische Auseinandersetzung, doch die Katzen blieben am Ort. Allerdings mussten sie umgedreht werden.
Altstadt • Amatu/Ecke Meistaru

Das originelle Katzenhaus (▶ S. 57) gegenüber der Großen Gilde. Der Erbauer mokierte sich mit den Tierfiguren gegen seine Nichtaufnahme in die Kaufmannsgilde.

Kleine Gilde (Mazā ģilde)
▶ S. 118, B 14

Jeder deutsche Meister, der ein Gildehandwerk betrieb, musste Mitglied der Gilde sein. Sie vereinigten sich in der Kleinen Gilde und wollten keineswegs hinter der Großen Gilde zurückstehen. Den lettischen Handwerkern war die Mitgliedschaft lange verwehrt. Das jetzige Gebäude wurde 1866 vom damaligen Stadtarchitekten Johann Daniel Felsko im Stil der damals aktuellen englischen Neogotik erbaut. Die Innenräume sind ausgesprochen kostbar eingerichtet. Der prächtige Festsaal mit seiner Kassettendecke und den ausgefallenen Kronleuchtern wird heute für Kulturveranstaltungen genutzt.
Altstadt • Amatu 5

Laima-Uhr
▶ S. 118, C 13

Laima ist für Riga so etwas wie Sprüngli für Zürich: die beste Schokolade der Welt. Die Laima-Uhr wurde schon 1924, als Lettland die ersten Schritte in die Freiheit machte, aufgestellt. Heute ist sie einer der beliebtesten Treffpunkte der Stadt, die Laima-Logos an der Uhr stammen aus den 30er-Jahren.
Zentrum • Azpazijas bulv.

Mentzendorff-Haus (Mencendorfa nams)
▶ S. 118, B 14

Ein hochherrschaftliches Bürgerhaus, von deutschen Kaufleuten gegen Ende des 17. Jh. erbaut. Das Innere des Gebäudes kann besichtigt werden und zeigt eindrucksvoll die Atmosphäre eines Wohnhauses begüterter Kaufleute: eine große Empfangshalle, Wohn- und Geschäftsräume mit ihrem typischen Mobiliar, eine Küche mit Feuerstelle. Als man das Haus vor 20 Jahren mit Hilfe der Familie Mentzendorff renovieren wollte, entdeckte man

ungewöhnliche Decken- und Wandgemälde, die von den wohlhabenden Besitzern im 18. Jh. in Auftrag gegeben wurden. Sie allein schon sind eine Besichtigung des Hauses wert.
Altstadt • Grēcinieku/Ecke Kungu 18 • www.mencendorfanam.com • Mi–So 11–17 Uhr • Eintritt 2 Ls, Kinder 1 Ls

Moskauer Vorstadt (Maskavas Forštate) ▸ S. 119, C–F 15–16

Die Moskauer Vorstadt – in der Bevölkerung auch heute noch »Moskatschka« genannt, war bis zum Ende des Zweiten Weltkriegs ein vornehmlich russisch und jüdisch geprägter Bezirk. Sie beginnt gleich hinter dem **Zentralmarkt** (▸ S. 67) und zieht sich Richtung Osten hin, bis zur Landstraße, die damals ins russische Reich bzw. die Sowjetunion führte. Noch heute findet man hier nach russischen Dichtern benannte Straßennamen, russische Holzhäuschen und kleine Kirchen mit goldenen orthodoxen Kreuzen. Außerdem ein »Geschenk« aus Moskau im stalinistischen Zuckerbäckerstil: die **Akademie der Wissenschaften** (▸ S. 51).
Im Zentrum der Vorstadt befand sich während der Nazizeit das **jüdische Ghetto**, und von hier aus wurden Abertausende in die Konzentrationslager in den umliegenden Wäldern abtransportiert. Man sieht der Moskauer Vorstadt die hohe Arbeitslosigkeit an. Allerdings gilt es unter Künstlern und Intellektuellen heute als schick, eine Wohnung in den altersschwachen Häusern mit ihren malerischen Höfen zu beziehen. Noch sind die Mieten erschwinglich. Auch das neue Kunstzentrum **Spīķeri** (▸ S. 63) an der Moskauer Straße ist ein attraktiver Anziehungspunkt für eine neue Klientel.

Pārdaugava ▸ S. 116, A/B 11–12

So heißt Rigas linke Flussseite, wörtlich: »jenseits der Daugava«. Ein beschauliches Viertel mit vielen Holzhäuschen, aber auch verkehrsreichen Straßen. Hier lebten lettische Handwerker und Kleingewerbetreiber. 1786, mit dem Ausbau der Straße nach St. Petersburg und der Errichtung einer Brücke über die Daugava, wurde Pārdaugava ein Stadtteil Rigas. Heute wird in diesem kontrastreichen Viertel viel Neues gebaut, u. a. der moderne **Konzertsaal** und die **Bibliothek**. Bausünden aus der Sowjetzeit werden abgerissen, manches Holzhaus wird liebevoll restauriert. Neben kleinen verwunschenen Parks findet man auch heruntergekommene Wohnblöcke an den Hauptstraßen.
Am besten besucht man das Viertel zu Fuß, von der Altstadt aus über die Akmens tilts, die Steinbrücke. In der Kalnciema iela, der Hauptstraße des Stadtteils, kann man noch manch hübsches Holzhaus finden, so z. B. das sogenannte **Hartmannsche Gutshaus** aus dem 18. Jh. mit der Nummer 28/30. Von der Altstadt verkehrt die Tram Nr. 10 nach Pārdaugava. Sie fährt teilweise die belebte Kalnciema iela entlang, man kann überall aussteigen.

Parlament (Saeima)
▸ S. 118, B 13

Der lettische Architekt Jānis Baumanis, nach dessen Entwürfen Ende des 19. Jh. in Riga viel gebaut wurde, und sein Kollege Robert Pflug hatten 1861 den Wettbewerb zum Bau der livländischen Ritterschaft gewonnen. Sie hatten den Entwurf in Form eines florentinischen Palazzos gestaltet, denn es sollte ein prunkvolles und repräsentatives Gebäude werden.

Heute tagt hier das lettische Parlament. Während des Kampfes um die Unabhängigkeit stand es im Brennpunkt der politischen Bewegung.
Altstadt • Jēkaba 11

Pulverturm (Pulvertornis)

▶ S. 118, B/C 13

In dem dicken runden Pulverturm lagerte im 17. Jh. das Schießpulver für die Kanonen. Mit einem Durchmesser von 14 m und den 3 m dicken Wänden war er der bedeutendste im mittelalterlichen Befestigungssystem der Stadt. Die Kanoneneinschüsse stammen von Zar Peter dem Großen, der sie während des Nordischen Krieges eigenhändig abgefeuert hat. Seit 1919 ist im Turm das **Kriegsmuseum** (▶ S. 72) untergebracht.
Altstadt • Smilšu 20 • www.karamuzejs.lv

Rainis-Denkmal

▶ S. 114/115, C/D 8

Der lettische Nationaldichter Jānis Rainis (1865–1929) war der Sohn eines wohlhabenden Pächters und besuchte die deutsche Schule in Riga. Während seines Jura-Studiums in St. Petersburg machte er Bekanntschaft mit revolutionären Zirkeln. In Riga gründete er die erste sozialdemokratische Zeitung. Nach der Revolution von 1905 in Russland musste Rainis in die Schweiz fliehen und kehrte erst 1920 zurück. In Riga engagierte er sich in der Politik der jungen Republik, wurde Theaterdirektor und später Kulturminister. In der Schweiz hatte er seine bedeutendsten Werke verfasst, Goethes »Faust« übersetzt und sich – auf Herders Spuren – mit den lettischen »dainas« beschäftigt. Er lebte mit seiner Frau, der Dichterin und Frauenrechtlerin Azpaizija

(Elza Rosenberg), in Jūrmala an der Ostseeküste. An Rainis' Geburtstag, dem 11. September, werden alljährlich an seinem Denkmal aus rotem Granit die lettischen Lyriktage eröffnet. Es stammt aus dem Jahr 1965.
Zentrum • Esplanade Park

Rathausplatz (Rātslaukums)

▶ S. 118, B 14

Das Rigaer **Rathaus** steht heute an der Stelle, an der bereits 1334 die erste Stadtverwaltung errichtet wurde. Der Platz war seit dem Mittelalter ein Ort für Märkte, Feste, Paraden, aber auch für Hinrichtungen. 1750 wurde der Grundstein für ein neues Rathausgebäude im Stil des Klassizismus gelegt. Während des Zweiten Weltkriegs wurden alle Gebäude auf dem Rathausplatz zerstört, 1954 die Ruinen des Rathauses abgerissen. An seiner Stelle entstand ein öder Plattenbau, in dem ein Universitätslabor untergebracht war.
Zum 800. Geburtstag der Stadt wurde der Platz völlig neu gestaltet, der Plattenbau entfernt. Seit 2003 steht hier nun wieder ein klassizistisches Rathaus nach Plänen aus dem 18. Jh., erweitert durch eine kleine Ladenzeile im Untergeschoss. In der Mitte des Platzes erhebt sich eine **Roland-Statue**, die Gerichtsbarkeit, Unabhängigkeit und Freiheit der Hansestadt repräsentiert. Der Original-Roland aus Sandstein kann in der Petri-Kirche bewundert werden, auf dem Platz befindet sich nur eine Kopie.
Altstadt

WUSSTEN SIE, DASS ...

... auf dem Rathausplatz noch bis ins 19. Jh. als Hexen beschuldigte Frauen verbrannt wurden?

Parlament – Schloss

Schloss (Rīgas pils)
▶ S. 118, A 13

Dass hier an dieser Stelle im 14. und 15. Jh. die von den Rigaer Bürgern nicht geliebte Ordensburg gestanden hat, lässt sich nur noch erahnen. Diese mussten nämlich die infolge von bewaffneten Aufständen verwüstete Burg immer wieder auf eigene Kosten aufbauen, so hatten es die Meister des Deutschen Ordens verlangt.

Erst im 16. Jh. erhielt das Schloss in etwa sein heutiges Aussehen mit dem quadratischen Grundriss. Aus dieser Zeit stammen auch die beiden Wehrtürme, die vom Fluss aus gesehen einen beeindruckenden Anblick bieten. In den folgenden Jahrhunderten wurde das Schloss immer wieder umgestaltet und dem Geschmack der jeweiligen Herrscher angepasst, so bauten die Schweden im 17. Jh. ein Arsenal an. Besonders die russischen Gouverneure ließen größere und kleinere Umbauten vornehmen, ein Ballsaal musste her, in dem angeblich die vom russischen Dichter Puschkin angebetete Anna Petrovna Kern tanzte. Der russische Gouverneur ordnete 1816 die Aufstockung des Schlosses an, die Fassade wurde neu gestaltet, zurückhaltend klassizistisch. Der russische Fabeldichter Iwan Krylow hielt sich Anfang des 19. Jh. als Kanzleidiener in der Residenz auf und erinnert sich in seinen Memoiren lebhaft an die Zeit, als im Schloss das russische Gouvernementsgericht in den neuen klassizistischen Räumen tagte.

Nach dem Ersten Weltkrieg wurde das Schloss zum Amtssitz des Staatspräsidenten von Lettland umfunktioniert. Während der Sowjetzeit war es fest in der Hand der sowjetischen jungen Pioniere. Am Schloss wird gegenwärtig viel umgebaut, nur ein Teil ist frei zugänglich, es beherbergt das **Historische Museum** (▶ S. 72).
Altstadt • Pils laukums

Das Rigaer Rathaus, ein Neubau aus dem Jahr 2003, flankiert die Nordseite des Rathausplatzes (▶ S. 60). In dessen Mitte erhebt sich eine Sandsteinfigur des Rolands.

Das 1334 urkundlich erstmals erwähnte Schwarzhäupterhaus (▶ S. 62) am Rathausplatz wurde nach der Zerstörung im Zweiten Weltkrieg originalgetreu rekonstruiert.

Schwarzhäupterhaus (Melngalvju nams) ▶ S. 118, B 14

Die Schwarzhäupter waren eine einflussreiche Gilde im Baltikum, die vorwiegend aus noch unverheirateten Kaufleuten bestand. Ihren Namen leiteten sie von ihrem Schutzpatron, dem hl. Mauritius, einem schwarzen Märtyrer aus Afrika, her. Sie taten sich als Organisatoren von Stadtfesten und Fastnachtsumzügen hervor und waren für die Verteidigung der baltischen Städte mitverantwortlich. Die Mitglieder der Gilde hatten es zu Wohlstand gebracht und besaßen in Riga eines der schönsten Häuser der Stadt mit einer Renaissancefassade, die holländische Fachleute angefertigt hatten. Das Haus diente den Gildemitgliedern auch als Gasthaus. Ende des 19. Jh. wurde es umfassend renoviert und mit Wappen der Hansestädte versehen. Von rauschenden Festen im großen Saal wird in der Rigaer Presse berichtet. Berühmt war das Haus auch wegen seines einmaligen Konzertsaals.

Im Zweiten Weltkrieg wurde es zerstört, die Sowjets sprengten 1948 die Ruinen in die Luft. Einhellig stimmte

die Rigaer Stadtregierung 1995 für einen detailgetreuen Wiederaufbau des Schwarzhäupterhauses, und lettischen Architekten gelang es, das Haus in seiner ganzen Pracht wiederherzustellen. 2001 wurde es zum 800. Geburtstag der Stadt eingeweiht.
Heute ist es wieder eines der Wahrzeichen der Stadt und beherbergt u. a. die zentrale Touristeninformation. Will man sich ein Bild von der aufwendigen Rekonstruktion machen, so sollte man sich die kleine Ausstellung in den Kellerräumen mit Resten des ehemaligen Kellergewölbes anschauen (Eintritt frei). Eindrucksvoll ist die astronomische Uhr, die die Tierkreiszeichen, die Mondphasen, die Uhrzeit und das Datum anzeigt.
Altstadt • Amatu 5

Siegesdenkmal (Uzvaras piemineklis) ▸ S. 116, südl. C 12

Im Siegespark im Bezirk Pārdaugava sorgt ein Denkmal immer wieder für Konflikte zwischen Letten und Russen. Das Siegesdenkmal wurde 1985 von den Sowjets errichtet, quasi als Gegenstück zur Freiheitsstatue auf der anderen Stadtseite. Es soll an die Befreiung von den Nationalsozialisten im Zweiten Weltkrieg durch die sowjetische Armee erinnern: ein großer Obelisk mit fünf goldenen Sternen, die die Kriegsjahre symbolisieren. Am Tag des Sieges, dem 9. Mai, der überall in Russland gefeiert wird, versammeln sich hier viele russischsprachige Anhänger und verwandeln den Park in ein Meer roter Nelken. Nicht unbedingt immer zur Freude der lettischsprachigen Bevölkerung, die etwas allergisch auf die Sowjet-Vergangenheit reagiert.
Pārdaugas • Uzvaras parks • Tram 10: Uzvaras park

Speicherkomplex (Spīķeri)
▸ S. 118/119, C/D 16

Hinter dem Zentralmarkt (▸ S. 67) in der Moskauer Vorstadt entsteht ein neuer Ort für die Künste. Rigas junge Kulturszene ist gerade dabei, sich einen eigenwilligen, ungewöhnlichen Ort zu erobern, der noch vor zehn Jahren langsam vor sich hin rottete: Speicheranlagen aus der Mitte des 19. Jh. werden in Räumlichkeiten für die Kunst umfunktioniert. Begonnen hatte alles mit einem Beschluss der UNESCO, die roten Backsteinhäuser, die Speicher in der pittoresken Moskauer Vorstadt, ins Weltkulturerbe aufzunehmen. Lett-

MERIAN-Tipp

HEINZ-ERHARDT-TOUR

Maik Habermann, ein deutscher Fremdenführer mit lettischem Diplom, führt Besucher auf eine sehr originelle Weise durch die Stadt. Besonders hervorzuheben ist die Tour »Heinz Erhardts Riga« auf den Spuren des deutschen Schauspielers, Komikers, Musikers und Dichters. Dessen Leben ist mit Riga eng verbunden und eignet sich bestens als Ansatzpunkt für eine Führung durch die Stadt. Zur Auswahl stehen drei Varianten: eine zwei- bis dreistündige Führung im Stadtzentrum, ein Spaziergang zu Friedhöfen, auf denen Verwandte Erhardts ihre letzte Ruhe fanden, oder eine Tour namens »Erhardts Lettland außerhalb Rigas« zu Zielen in der Umgebung.
Maik Habermann • Tel. 29 74 79 68 • www.riga-tour.de • Preis nach Absprache

lands damalige Kulturministerin, die energische Helena Demakowa, arbeitete daraufhin mit ihren Kollegen einen Nutzungsplan für das Speicherviertel aus, der Kunst und Kultur in den Vordergrund stellte. Ihr gelang es auch, einen Investor für das neue künstlerische Konzept im Speicherviertel zu gewinnen.

2009 wurde der Spīķeri-Komplex eröffnet, das ungewöhnliche Museum **kim?** – das Kürzel stellt die Frage: »Kas ir māksla?« (Was ist Kunst?) – im Haus Nr. 12 aus der Taufe gehoben. Das Museum besteht aus zwei Galerieräumen, in denen häufig wechselnde Ausstellungen zeitgenössischer Kunst stattfinden. Es geht hier international zu, die Kuratorinnen arbeiten mit den europäischen Kunstvereinen eng zusammen. Auch wird viel Wert auf junge Kunst aus den Nachbarländern gelegt, auf Arbeiten aus Städten wie etwa Berlin, Tallinn, Vilnius, Tbilissi oder Moskau. Gleich neben dem kim? hat gerade das legendäre Meta-Café seine Pforten geschlossen, die Räume werden jetzt vom Team der schon erfolgreich betriebenen Garage im Bergas Bazār bespielt. Außerdem hat das Restaurant **Kitchen** eröffnet, das zu einem Treffpunkt der Rigaer Kunstszene werden soll.

Eine Legende der Alternativszene ist auch das **Dirty Deal Café** (DDC) im Nachbarhaus, hier wird Musik gemacht, bekannte und unbekannte DJs geben sich die Klinke in die Hand. Das äußerst aktive lettische Theaterinstitut benutzt das Café als Veranstaltungsort für Performances, Workshops, Lesungen und dergleichen mehr. Es gibt sogar ein eigenes Dirty Deal Music Label. Musik spielt eine große Rolle bei der Erschließung des Speicherviertels, und so hat die **Sinfonietta Rīga**, 2006 gegründet, hier im Speicher Nr. 4, Korpus 2/3 ihre Heimat gefunden. Unter freigelegten Balken spielen an die 34 Instrumentalisten auf engstem Raum, das Repertoire reicht von Alter Musik bis zu hochtechnischen elektronischen Klängen. Mit experimenteller Musik beschäftigt sich auch der **Klangwald** (Skaņu Mežs), der in Speicher Nr. 12 seine Heimat hat und sporadische Avantgarde-Konzerte veranstaltet.
Moskauer Vorstadt • Maskavas • www.spikeri.lv

St. Georgikirche
(Sv. Jura baznīca) ▸ S. 118, C 14
Diese kleine hellgraue Kirche mit ihren romanischen Fensterbögen ist eine der ältesten in Riga. Sie hatte ein wechselhaftes Schicksal: Im 13. Jh. gehörte sie den in Riga ungeliebten Ordensbrüdern, im 17. Jh. diente sie als Vorratsspeicher, und heute birgt sie das sehenswerte **Museum für Angewandte Kunst** (▸ S. 74).
Altstadt • Skārņu 19/20

St. Jakobikirche (Sv. Jēkaba baznīca) ▸ S. 118, B 13
Sie steht gegenüber dem Parlamentsgebäude und gehört mit ihrem 80 m hohen Turm zur Silhouette der Stadt. 1225, damals noch außerhalb der Stadtgrenzen, wurde sie erbaut und hauptsächlich von Wanderern besucht, die die Stadttore schon verschlossen fanden, aber auf kirchliche Segnungen in lettischer Sprache nicht verzichten wollten. Heute ist sie der Mittelpunkt der katholischen Gemeinde Lettlands. Ihr schlichtes Inneres mit dem alten Kreuzgewölbe steht allen Gläubigen Tag und Nacht offen.
Altstadt • Klostera 2

St. Johanniskirche (Sv. Jāņa baznīca) ▸ S. 118, C 14

Sogleich ins Auge fällt der gotische Stufengiebel aus rotem Backstein an der Fassade der Johanniskirche. Der Dominikanerorden hatte sie im 13. Jh. vom Rigaer Bischof erworben. Ende des 15. Jh. wurde das Gotteshaus jedoch während der Kämpfe zwischen dem Deutschen Orden und der Stadt zerstört. Erst im späten 16. Jh. erhielt die lettische lutherische Gemeinde das Gebäude und gab den Auftrag für einen dreischiffigen Choranbau im Renaissancestil.

Lange Zeit hat man sich gefragt, wozu die ungewöhnlichen steinernen Masken mit offenen Mündern an den Außenmauern wohl dienten, bis man hierzu einen Hinweis in alten Chroniken fand: An Sonn- und Feiertagen stellten sich Mönche des Ordens hinter die Masken und predigten. Wie durch einen Lautsprecher hallten ihre Stimmen durch Riga. In der Sakristei befindet sich das viel beachtete Bild »Der Gekreuzigte«, das aus der Hand des dem Jugendstil verpflichteten Malers Jānis Rozentāls stammt. Mit ihrem schönen Sterngewölbe und ihrer guten Akustik ist die Kirche heute wieder ein Zentrum des evangelischen Gemeindelebens in Riga.

Altstadt • Skārņu 24

St. Petrikirche (Sv. Pētera baznīca) ▸ S. 118, B/C 14

Eines der ältesten Monumente der Stadt und ihr Wahrzeichen ist die Petrikirche, deren Turm weit über die Dächer der Altstadt hinausragt. Sie ist einer der schönsten sakralen Bauten des Baltikums. Mit ihrer Turmspitze in 121 m Höhe überragt sie sogar den Dom. Die Kirche und ihr Turm blicken auf eine wechselvolle Geschichte zurück, nach ihrer Gründung im 13. Jh. ist sie immer wieder umgebaut und vergrößert worden.

1666 stürzte der Mitte des 14. Jh. errichtete Turm ein und begrub acht Menschen unter sich. 1721 schlug der Blitz ein und zerstörte den Turm komplett. Zar Peter dem Großen ist es zu verdanken, dass er wieder aufgebaut wurde, auf sein Geheiß hin mit der erstaunlichen Höhe von 127 m. Im Zweiten Weltkrieg wurde der Turm am Peter-und-Paul-Tag von einer Granate getroffen, die Kirche brannte aus und mit ihr alle Schätze, die sich im Lauf der Jahrhunderte angesammelt hatten. Erst 1973 wurde der Turm mit seinem vergoldeten Hahn wieder aufgebaut.

WUSSTEN SIE, DASS ...

... der Wetterhahn der St. Petrikirche stolze 158 kg wiegt und mit 330 g Edelmetall vergoldet ist?

Die sowjetische Regierung verweigerte jedoch die Bestimmung des Hauses als Gotteshaus und ließ im Inneren einen Konzertsaal errichten, den eine besonders gute Akustik auszeichnete. Auch für Ausstellungen wird das Innere genutzt. Sonntags allerdings findet wieder regelmäßig ein evangelischer Gottesdienst statt. Mit dem Lift kann man sich auf die Aussichtsplattform fahren lassen, auf der über die Jahrhunderte Wächter Posten bezogen hatten, um die Stadt vor drohenden Gefahren zu warnen. Auch heute noch genießt man von hier aus einen herrlichen Blick über die Stadt und die Rigaer Bucht.

Altstadt • Skārņu 19 • Aussichtsplattform tgl. 11–17 Uhr • Eintritt 2 Ls, Kinder 1 Ls

SEHENSWERTES

Synagoge Peitav Shul
▶ S. 118, C 15

Sie wurde 1903 im Jugendstil erbaut und ist das einzige jüdische Gotteshaus von einstmals zwölf, das den Nazi-Terror in Riga überstanden hat. Wegen der engen Altstadtbebauung schien es den Schergen zu riskant, sie anzuzünden, so wie es mit der Synagoge in der Moskauer Vorstadt und den anderen im Juli 1941 gemacht hatten. Während der Besatzung wurde die Synagoge als Lagerhaus und Pferdestall benutzt, wertvolle Gebetsrollen und Kultgegenstände wurden hier versteckt und konnten so gerettet werden. Die heutige jüdische Gemeinde in Riga hat an die 12 000 Mitglieder, im Riga der Vorkriegszeit waren es ca. 45 000.
Altstadt • Peitavas 6/8 • www.jews.lv

Vāgnera
▶ S. 118, C 14

Diese kleine Straße, die von der Kaļķu iela abzweigt, wurde im 20. Jh. nach dem deutschen Komponisten Richard Wagner benannt. Denn hier befand sich das 1781 gegründete **Deutsche Stadttheater**, an dem Richard Wagner von 1837 bis 1839 als Musikdirektor gewirkt hat. Er begann an seiner Oper »Rienzi« zu arbeiten, die ihn später berühmt machen sollte, und versuchte, der Stadt neue Impulse zu geben. Auch verlangte er mehr Zeit für Proben, eine Erweiterung des Repertoires und die Aufnahme von Sinfoniekonzerten ins musikalische Programm. Aber auch in Riga erging es ihm, wie schon vorher in anderen Städten: Es häuften sich die Schulden, er hatte sich Feinde gemacht, und ihm wurde fristlos gekündigt.

Aus Furcht vor seinen Gläubigern überschritt er heimlich die russischostpreußische Grenze und gelangte auf einem kleinen Segelschiff nach London. Die stürmische Überfahrt und seine Erinnerungen an Lettland brachten ihm Inspirationen für den »Fliegenden Holländer«, in »Sentas Spinnlied« klingen lettische Volksliedmotive an. Das ehemalige Stadttheater ist auch heute wegen seiner guten Akustik als Konzertsaal beliebt (Vāgnera 5). Hier traten schon Franz Liszt, Robert Schumann, Anton Rubinstein und Yehudi Menuhin auf.
Altstadt • Vāgnera

Wöhrmannscher Garten (Vērmanes dārzs)
▶ S. 119, D/E 13

Der beliebteste Park in Riga. Anna Gertrude Wöhrmann, eine reiche Witwe, hatte ihren parkähnlichen Garten mit vielen Rosenbeeten und exotischen Sträuchern 1829 der Stadt gespendet mit der Auflage, das Areal für Bedürftige und Kranke zu öffnen. So entstand auf den abgetragenen Festungsmauern eine Grünanlage, die Anfang des 20. Jh. noch um einige Hektar vergrößert wurde. Im Volksmund wird der Park liebevoll »Vērmanīts« genannt, nach seiner Gründerin. An die Wohltäterin erinnert auch ein Obelisk in der Parkmitte. Zur Sowjetzeit stand hier eine Büste des russischen Parteiführers Sergej Kirow, die aber 1991 entfernt wurde.

Im Park sprudelt ein Springbrunnen, auf den Parkbänken wird Schach gespielt, in einer kleinen Konzertmuschel finden sich Musiker zu kleinen Konzerten ein, es finden Lesungen und kleine Veranstaltungen statt. Überhaupt kann es hier manchmal recht lebhaft zugehen, wenn etwa Picknicks auf dem grünen Rasen veranstaltet werden.
Zentrum • zwischen Merķeļa, Tērbatas, Elizabetes und K. Barona

Zentralmarkt (Centrāltirgus)
▶ S. 118/119, C/D 15

Der Zentralmarkt beeindruckt durch seine einmalige Größe: Die Gesamtfläche der fünf Markthallen beträgt an die 50 000 qm, die größte Halle ist 5000 qm groß. Ursprünglich waren drei der Hallen als Hangars zur Unterstellung von Zeppelinen für den an der Ostseeküste liegenden Luftschiffflughafen Wainoden (Vaiņode) konstruiert worden. Als die Hangars dort nicht mehr gebraucht wurden, ließen Geschäftsleute sie nach Riga transportieren. Die bogenförmig geschwungenen Dachkonstruktionen wurden dann für die Hallen benutzt. Als der Markt schließlich 1930 nach sechs Jahren Bauzeit mit seinen 35 m hohen Glas-Metall-Konstruktionen eröffnet wurde, galt er unter den Architektenkollegen vom Bauhaus in Deutschland als durchaus gelungenes Beispiel einer funktionalen Architektur. Das Lob bezog sich auch auf die Unterkellerung der Hallen, die mit Tunnels verbunden sind. Sogar zum Bahnhof gab es einen unterirdischen Tunnel. Heute hat man hohe Pläne, man will das verborgene Innenleben der Markthallen für Besucher nächtlich öffnen, junge Künstler aus den Kunstspeichern um die Ecke haben schon Events geplant. In den fünf Hallen werden neben Obst, Gemüse, Fisch und Milchprodukten auch Brot und Honig angeboten. Gerade das schwarze süße Brot und der Imkerhonig bieten sich als Mitbringsel an (▶ MERIAN-Tipp, S. 32).
Moskauer Vorstadt • Nēģu 7 •
Mo–Sa 8–17, So 8–16 Uhr

WUSSTEN SIE, DASS ...

... die wichtigsten Straßen innerhalb der Stadt ursprünglich zu benachbarten Dörfern führten, so z. B. die Smilšu iela, die Sandstraße, oder die Kaļķu iela, die Kalkstraße?

Lettisches Gebäck auf dem Zentralmarkt (▶ S. 67), dem »Bauch von Riga«. Die Fülle des Angebots ist beeindruckend, ein Streifzug durch die Hallen ist ein Augenschmaus.

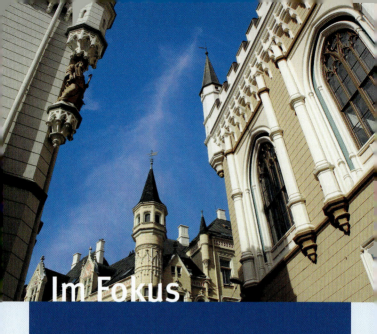

Im Fokus

Hansestadt Riga
Die Vergangenheit der lettischen Hauptstadt ist hanseatisch geprägt. Aber auch in der Gegenwart kann man altem Kaufmannsgeist nachspüren.

Auf Rigas Straßen und mittelalterlichen Gassen wurde über Jahrhunderte hinweg nur Deutsch gesprochen. Das kann man sich heute im Sprachenwirrwarr der Großstadt schwer vorstellen. Es waren deutsche Kaufleute, die Riga 1201 unter dem Schutz der Kreuzritter gegründet hatten und die schon 90 Jahre später der Hanse beigetreten waren, jenem mächtigen Netz von Handelsbeziehungen und Partnerschaften zwischen Städten, das den gesamten Nord- und Ostseeraum umfasste.

Beim Schlendern durch die Gassen der Altstadt lässt sich auch heute noch die eine oder andere hanseatische Spur entdecken, die von der erfolgreichen Handelspolitik der Kaufleute zeugen.

Vor allem fällt der gewichtige Dom St. Marien ins Auge, ein markantes Zeugnis norddeutscher Sakralbaukunst. Die Kaufleute der Hanse ließen sich damals die Ausstattung des Doms so manchen Gulden kosten, hatte doch der Papst höchstselbst im fernen Rom im 13. Jh. dazu aufgefordert, den Bau zu unterstützen. Als Gegenleistung wurde für eine bestimmte Zeit ein Sündenablass in Aussicht gestellt. In jenen Jahren hatte den Kaufleuten der Handel mit Pelzen, Erzen und Hanf zu Wohlstand verholfen, und so waren sie nur allzu bereit, das verlockende Angebot anzunehmen. In den Seitenschiffen des Doms stechen die vielen Grabmäler und Grabsteine ins Auge.

◀ An der Stelle der beiden Gildehäuser (▶ S. 57, 58) befand sich einst der Versammlungsort der Handwerkerzünfte.

Auch sie zeugen vom Reichtum der hanseatischen Kaufleute, die es sich leisten konnten, eine Grabstätte im Haus des Herrn gegen eine großzügige Spende an die Kirche zu erwerben.

Hanse in der Architektur

Für die Hanse typisch sind die Gildehäuser, die in der Mitte des 14. Jh. in Riga für die deutschen Kaufleute und Handwerker gebaut wurden. Deutsche Händler wurden in der Großen Gilde oder der Schwarzhäuptergilde zusammengefasst, die deutschen Handwerker gehörten der Kleinen Gilde an. Das Nachsehen hatten die lettischen Bürger Rigas, sie durften als sogenannte »Undeutsche« nicht Mitglieder einer Gilde sein und mussten meist vor den Toren der Stadt ihr Leben fristen. Die Gildehäuser dienten als Gasthaus, Versammlungsort und Festsaal. Die Kleine Gilde ganz in der Nähe des Livenplatzes ist ein »Neubau« aus der Mitte des 19. Jh., das imposante Gebäude mit Türmchen und viel Stuck zitiert im neogotischen Stil den Geist der Hanse im Mittelalter.

Wenn man das Schwarzhäupterhaus am Rathhausplatz betrachtet, kann man sich unschwer vorstellen, über welche Macht, welchen Wohlstand und welchen Einfluss die hanseatischen Kaufleute über Jahrhunderte hinweg verfügten. Bereits im 14. Jh. wird das Schwarzhäupterhaus in den Stadtchroniken als »vortreffliches Bauwerk« erwähnt. Im 17. Jh. wurde diese Vortrefflichkeit und Pracht des Gebäudes noch gesteigert: Niederländische Meister hatten dem Giebel eine üppige Renaissancefassade übergeworfen.

Hanse im Alltag

Wie muss man sich nun ein hanseatisches Handelskontor vorstellen? Im Museum für Rigaer Stadtgeschichte und Schifffahrt gleich neben dem Dom ist ein solches Kontor ausgestellt: ein gewaltiger wurmstichiger Holzschreibtisch, darüber eine riesige Landkarte, auf der alle im Inland gelegenen Hansestädte mit roter Tinte eingetragen sind, die Hafenstädte wie etwa Lübeck oder Amsterdam sind mit schwarzer Tinte vermerkt. Im Museum findet sich auch ein Trinkgeschirr mit Weinkanne aus Zinn. Selbstverständlich hat die Hanse ihre Mitglieder mit feinstem Sherry aus England und Burgunderwein aus Frankreich versorgt!

Was damals in einem hanseatischen Haushalt so alles aufgetragen wurde, kann man sich ausmalen, wenn man die ebenfalls im Museum ausgestellten alten Menükarten der festlichen Bankette liest. Viele Wildgerichte wurden aufgetragen, gesalzene Heringe, geräucherter Aal, auch schwarzer Kaviar, der wohl aus dem fernen Handelskontor Nowgorod in Russland stammte.

Will man diese Köstlichkeiten heute probieren, sollte man am besten das Restaurant des Hotels Neiburgs aufsuchen. Hier wird hanseatische Küche großgeschrieben. Es gibt natürlich frischen Fisch aus der Ostsee, aber auch viele geräucherte Spezialitäten, wobei das geräucherte Neunauge als besondere Delikatesse gilt. Ein zünftiger hanseatischer Nachtisch rundet das Gastmahl ab, meist wird ein süßes Dessert aus Reis, Sahne und Beeren und viel Zimt gezaubert. Das war übrigens auch die Lieblingsspeise Heinz Erhardts, der seine Jugend in der lettischen Hauptstadt beim deutschstämmigen Großvater in der traditionsreichen Musikalienhandlung verbrachte.

Museen und Galerien
Imposante Tempel der Künste, eine junge Galerieszene, aber auch originelle, liebevoll wieder hergerichtete Themenmuseen spiegeln die Geschichte der Stadt wider.

◄ Das Lettische Nationale Kunstmuseum (▸ S. 74) zeigt neben baltischen Meistern auch interessante russische Arbeiten.

Die lettische Hauptstadt ist reich an Museen. Liebhaber zeitgenössischer Kunst werden viel Freude haben, gerade hat das neu konzipierte **Museum für ausländische Kunst** seine Pforten in der ehemaligen Börse geöffnet, und das junge vitale Kunstmuseum **kim?** im Künstlerviertel Spīķeri zieht viele Neugierige an. Neben dem Besuch des großen Kunstmuseums hat es aber auch seinen Reiz, sich die verschiedenen kleineren, der Geschichte des Landes und der Stadt gewidmeten Sammlungen anzuschauen. Sie sind erst in jüngster Zeit aus ihrem Dornröschenschlaf geweckt worden, dank großzügiger Unterstützung durch die Europäische Union. So konnten sie ihre Bestände sichten und, was ganz wichtig ist, die Exponate auch mit Erklärungen in Deutsch oder zumindest Englisch ausstatten.

Wenn man all die verschiedenen Museen der Stadt zusammenzählt, auch die vielen liebevoll zusammengestellten kleinen Literaturhäuser, kommt man an die 50 Einrichtungen, die alle ausführlich auf der Museen-Website (auch auf Englisch) beschrieben werden (www.muzeji.lv, www.lnmm.lv). Besitzer der **Riga-Card** (▸ S. 108) genießen einen Rabatt beim Eintritt. In den letzten Jahren sind die Ticketpreise angestiegen und entsprechen etwa jenen im westlichen Europa.

Die **Galerieszene** in der Stadt ist im Wandel. Hier hat die Finanzkrise ihre Spuren hinterlassen, viele Galerien mussten schließen. Interessante Künstler aus Lettland und den Nachbarrepubliken kann man aber trotzdem heute wieder entdecken.

MUSEEN

Arsenal (Arsenāls) ▸ S. 118, B 13

Wer mehr über Lettland im 20. Jh. und seine junge Kunstszene verstehen will, dem sei unbedingt der Besuch des Arsenals, eines von einem St. Petersburger Architekten erbauten ehemaligen Zeughauses aus dem 19. Jh., empfohlen. Es wird heute als Ausstellungshalle genutzt, mit Schwerpunkt auf der jungen Generation. Es finden auch sehenswerte Einzelausstellungen statt. Altstadt • Torņa 1 • www.lnmm.lv • April–Sept. Fr–Mi 11–17, Do 11–19, Okt.–März tgl. Mi–So 11–17 Uhr

Ethnografisches Freilichtmuseum (Latvijas etnogrāfiskais brīvdabas muzejs) 8

▸ S. 115, nordöstl. F 7

Um möglichst viele Besucher in das 1924 gegründete Freilichtmuseum zu locken und um zu zeigen, dass es sich hier nicht um eine angestaubte Bildungseinrichtung handelt, denkt sich die Museumsleitung immer wieder besondere Attraktionen aus. Beispielsweise die spezielle Saunabehandlung auf einer Wiese, bei der nach althergebrachtem Ritual der Saunameister mit Zweigen in Aktion tritt, oder die neue kleine Elektrobahn, die durch das Gelände zuckelt, oder den historischen Handwerksmarkt am Wochenende.

»Ganz Lettland an einem Tag« – so lautet das Motto im Museum, und es soll ein möglichst getreuer Eindruck vom Leben der Letten in den letzten Jahrhunderten in den vier Provinzen vermittelt werden. Deren Leben war schwer, auf dem Land mussten sie Fronarbeit leisten. Ihre zumeist baltendeutschen Herren, die sich das Land infolge der Kreuzzüge im

12. und 13. Jh. untertan gemacht hatten, nannten die lettischen Bauern verächtlich »Undeutsche«. Das Museum mit seinen 90 ha besteht aus 118 Gebäuden: Bauernhöfe mit allem Drum und Dran, Windmühlen, einer Kirche, Handwerksbetrieben. Ein »Krug« am Ende des gut ausgeschilderten Rundgangs lädt zu Speis und Trank aus der Provinz Zemglale, etwa schwarze Erbsen mit Schinken, einem selbst gebrauten Bier oder Moosbeerensaft.

Bergi • Brīvības 440 • Bus, Tram: Etnogrāfiskais • www.brivdabas muzejs.lv • tgl. 10–17 Uhr • Eintritt 2 Ls, im Winter 1 Ls, Kinder 1 Ls

Historisches Museum (Latvijas vēstures muzejs) ▸ S. 118, A 13

Hinter den dicken Mauern des Schlosses wurde im oberen Stockwerk ein imposantes Museum eingerichtet. Die Ausstellung ist neu geordnet: Historische Waffen, Münzen, Kostüme, Einrichtungsgegenstände sind so ausgestellt, dass sie lebhaft von der wechselvollen Geschichte des Landes erzählen, vom kargen Leben der Bauern, vom gehobenen Leben des Adels und der Kaufmannschaft. Eine gute Ergänzung zum Ethnografischen Freilichtmuseum.

Altstadt • Pils laukums 3 • www. history.museum.lv • Do–Di 11–17, Mi 10–18 Uhr • Eintritt 1 Ls, Kinder 0,50 Ls

Jānis Rozentāls und Rūdolfs Blaumaņis Museum ▸ S. 114, C 7

Wer möchte nicht einmal ein Jugendstilhaus von innen sehen, eingerichtet im Stil jener Jahre? Das geräumige Künstleratelier von Jānis Rozentāls (1866–1916), einer der berühmtesten Künstler Lettlands,

lebte mit seiner Familie im Obergeschoss, dem heutigen Museum. An den Wänden hängen Originale und einige Kopien seiner Werke aus der Jugendstilperiode. Zu Beginn des 20. Jh. waren das Atelier und die Wohnräume Zentrum des lettischen intellektuellen Lebens. Und so kann nicht verwundern, dass auch der gleichermaßen berühmte lettische Schriftsteller und Journalist Rūdolfs Blaumaņis (1863–1908), dessen sozialkritische Stücke damals für Aufsehen sorgten, hier ein- und ausging und von 1906 bis 1908 sogar ein eigenes Zimmer bewohnte.

Zentrum • Alberta 12 • www.memo rialiemuzeji.lv • Mi–So 11–18 Uhr • Eintritt 0,70 Ls

Jüdisches Museum (Muzejs Ebreji latvijā) ▸ S. 115, D 8

Im dritten Stock eines Wohnhauses ist seit 1989 ein kleines Museum eingerichtet, von jüdischen Gemeinden in aller Welt finanziert. Der Initiator des Museums, Direktor Magers Vestermanis, hat über Jahrzehnte hinweg gesammelt, was von der jüdischen Kultur in Riga übrig geblieben war. Ziel der engagierten Museumsleitung ist es nicht nur, über jüdisches Leben in der Stadt durch die Jahrhunderte zu informieren, über Holocaust und die sowjetische Zeit, sondern auch gerade ein jüngeres Publikum für die gegenwärtigen Aktivitäten der jüdischen Gemeinde in Riga zu interessieren.

Zentrum • Skolas 6 • www.jewish museum.lv • Mo–Do, So 12–17 Uhr

Kriegsmuseum (Latvijas Kara muzejs) ▸ S. 118, B 13

Seit seiner Gründung 1919 ist das Kriegsmuseum im ehemaligen Pul-

Ethnografisches Freilichtmuseum – Kunstmuseum Rigaer Börse

verturm des Rigaer Festungssystems untergebracht. Es befasst sich ausschließlich mit dem lettischen Kampf um Unabhängigkeit durch die Jahrhunderte hinweg, den Schwerpunkt bilden der Erste und der Zweite Weltkrieg. Fotos und Filme dokumentieren eindringlich die Erlangung der Unabhängigkeit im Jahr 1991.
Altstadt • Smilšu 20 • www.karamuzejs.lv • Mi–So 10–18 Uhr • Eintritt 1 Ls, Kinder 0,50 Ls

Kunstmuseum Rigaer Börse (Mākslas muzejs Rīgas Birža) 9
▶ S. 118, B 14

In der ehrwürdigen Börse aus dem Jahr 1856, die wie ein venezianischer Renaissancepalazzo anmutet, ist 2011 zum 810. Geburtstag der Stadt das **Museum für Ausländische Kunst** eröffnet worden. Die große Sammlung internationaler Kunst, die im Lauf der letzten 90 Jahre zusammengetragen wurde, war in einigen Teilen bis vor Kurzem im Arsenal zu sehen. Im neuen Gebäude, heute auch Riga Stock Exchange genannt, konnte man die vielen Exponate großzügig über sechs Etagen in einmaligen Repräsentationsräumen ausbreiten: darunter eine sehenswerte Sammlung altägyptischer Kunst, Kunst der Antike, Werke der deutschen Romantik, wie etwa Landschaften von Carl Friedrich Lessing, und zauberhafte, fast unbekannte Werke des belgischen Jugendstils. Einen Dialog zwischen Ost und West herzustellen und Klassik und Moderne miteinander zu verbinden – das sind die erklärten Ziele der Museumsleitung. In der Expositionshalle im Erdgeschoss werden wechselnde Ausstellungen veranstaltet, die versprechen, zu Publikumsmagneten zu werden:

Welche Gefahren bedrohen das Leben im All? Das Museum für Medizingeschichte (▶ S. 75) beherbergt auch eine Abteilung zu medizinischen Fragen im Kosmos.

74 MUSEEN UND GALERIEN

so beispielsweise eine Hundertwas-ser-Ausstellung aus Wien, russische Avantgarde der 20er-Jahre aus St. Petersburg oder wertvolle Porzellan-sammlungen aus Groningen.
Altstadt • Doma Laukums 6 • www. lnmm.lv • So–Do 11–17, Fr 11–20 Uhr • Eintritt 2 Ls

Lettisches Nationales Kunst-museum (Latvijas nacionālais mākslas muzejs) 10 ▸ S. 114, C 8

Der Stolz Rigas: Wie ein barockes Schloss steht es da, das lettische Kunstmuseum mit seinem beein-druckenden Portikus. Sein Archi-tekt, der Baltendeutsche **Wilhelm Neumann**, war auch sein erster Di-rektor. Er musste gewusst haben, wie man Kunstwerke präsentiert: Die Er-öffnung des Museums 1905 war ein großes nationales Ereignis, wurden doch erstmalig lettische Künstler in den Vordergrund gestellt.
Der zweite bedeutende Direktor des Hauses war der Maler **Vilhelms Purvītis** (1872–1945), viele seiner beeindruckenden Bilder sind von der lettischen Landschaft geprägt und haben einen festen Platz im Mu-seum. Purvītis war es auch, der die Sammlung permanent erweiterte. In den 30er-Jahren erwarb er Meis-terwerke der russischen Avantgarde, als diese Bewegung schon in der Sowjetunion verpönt war. Ganz be-sonders am Herzen lag ihm der Ri-gaer Künstler Gustavs Klucis, dessen kühne konstruktivistische Entwürfe heute auf Auktionen Höchstpreise erzielen. Außerdem sammelte er den geheimnisvollen russischen Künst-ler Nicholas Roerich (1874–1947), dessen von Mystik geprägten Bilder und Bühnenentwürfe heute in den Museen der Welt hängen.

Im Erdgeschoss sind baltische Ma-lerei vergangener Jahrhunderte und russische Werke mit Schwerpunkt Avantgarde zu sehen, im Oberge-schoss lettische Kunst, u. a. beeindru-ckende Bilder von Janis Rozentāls.
Zentrum • Valdemāra 10 a • www. lnmm.lv • April–Sept. Fr–Mo, Mi 11–17, Do 11–19, Okt.–März Mi–Mo 11–17 Uhr • Eintritt 2 Ls, Kinder 1 Ls

Lettisches Naturkundemuseum (Dabas vēstures muzejs)

▸ Familientipps, S. 45

Mentzendorff-Haus (Mencen-dorfa nams)

▸ Sehenswürdigkeiten, S. 58

Museum für Angewandte Kunst (Dekoratīvi lietišķāš mākslas muzejs) ▸ S. 118, C 14

Die Museumsdesigner haben es sich zur Aufgabe gemacht, ihre schönen Exponate in die Gewölbe der ehe-maligen romanischen Georgskirche zu integrieren. Zwischen Holzbal-ken und weißen Mauern sind ganz besonders reizvolle Art-déco-Vasen zu sehen, Jugendstilparavents, aber auch viel Kunstgewerbe aus den 30er-Jahren, das man in dieser Qua-lität selten findet. Daneben interes-sante Wechselausstellungen.
Altstadt • Skārņu 10/20 • www. lnmm.lv • Di, Do–So 11–17, Mi 11–19 Uhr • Eintritt 2 Ls, Kinder 1 Ls

Museum für Fotografie (Latvijas fotogrāvijas muzejs) ▸ S. 118, C 14

Wer weiß schon, dass der weltweit kleinste Fotoapparat, die Minox, in den 30er-Jahren in Lettland erfun-den und produziert wurde? In einem alten Bürgerhaus dokumentiert die-

Kunstmuseum Rigaer Börse – Museum für Rigaer Stadtgeschichte 75

ses Museum die Entwicklung der Minox und zeigt eine Ausstellung zur Geschichte der Fotografie: erste Daguerreotypien, Fotogeräte im Wandel der Zeiten, historische Motive, aber auch Sonderausstellungen zu berühmten Fotografen.
Altstadt • Mārstaļu 8 • www.fotomuzejs.lv • Di, Mi, Fr, Sa 12–17, Do 12–19 Uhr • Eintritt 1 Ls, Kinder 0,50 Ls

Museum für Medizingeschichte (Paula Stradiņa Medicīnas vēstures muzejs) ▸ S. 114, C 8

Dieses Museum mit seinen an die 200 000 (!) Exponaten ist wirklich sehr speziell. Es wurde noch zu Sowjetzeiten im Jahr 1957 eröffnet. Damals diente es nur den Spezialisten des Metiers, und fast keine Besucher verirrten sich in die herrliche Villa. Heute ist das Museum gründlich entstaubt und kann mit Museen im Westen, etwa in London oder Dresden, durchaus mithalten. Ausgestellt werden u. a. Exponate, die die Medizingeschichte der Welt erklären sollen, etwa die unterschiedlichen Behandlungsmethoden gegen die Pest im Mittelalter. In einem Extra-Saal wird anschaulich aufgezeigt, wie der menschliche Körper funktioniert, was sich unter seiner Haut versteckt.
Zentrum • Antonijas 1 • www.mvm.lv • Mo–Mi, Fr 11–17, Do 11–18 Uhr • Eintritt 1,50 Ls, Kinder 0,50 Ls

Museum für Naive Kunst (Naivās mākslas muzejs) ▸ S. 113, E 2

Im früheren Warenlager des Zolls von Andrejsala haben Kunstliebhaber ein Museum eingerichtet, das lettische naive Maler zeigt – ganz unprätentiös zusammengewürfelt.
Andrejsala • Andrejostas 4 • www.noass.lv • Öffnungszeiten erfragen

MERIAN-Tipp

OKKUPATIONSMUSEUM (LATVIJAS OKUPĀCIJAS MUZEJS) ▸ S. 118, B 14

Den Architekten des grauschwarzen, eher düster anmutenden Gebäudes in unmittelbarer Nähe zum Rathausplatz wurde 1972 der sowjetische Staatspreis verliehen. In jenen Jahren diente es der Verherrlichung der lettischen Schützen, die nach der Oktoberrevolution Lenin und die junge Sowjetunion unterstützt hatten. In der Bevölkerung wurde es »Schwarzer Sarg« genannt. 1993 wurde das Museum umgewidmet: Heute dokumentiert es die Geschichte der sowjetischen Okkupation Lettlands anhand von Archivmaterial, Fotos, Lagerplänen und Habseligkeiten der Okkupationsopfer. Sehr eindringlich sind die Berichte zu politisch Verfolgten, die in Stalins Gulags nach Sibirien deportiert wurden, aber auch die bewegenden Zeugnisse von den Gräueltaten der Nazis. Das Haus soll in den kommenden Jahren modernisiert werden und eine neue, helle Außenfassade erhalten.
Altstadt • Srēlnieku laukums 1 • www.occupationsmuseum.lv • tgl. 11–18, im Winter 11–17 Uhr

Museum für Rigaer Stadtgeschichte und Schifffahrt (Rīgas vēstures un kuģnicības muzejs) ▸ S. 118, B 14

Überdimensionale Segelschiffsmodelle, historisches Navigationsgerät, Schiffszeichnungen und was die Kapitäne der Hanse so alles von ihren

76 MUSEEN UND GALERIEN

Fahrten mitbrachten, all dies ist in zwei Räumen neu eingerichtet und anschaulich beschrieben. Grundstock dieses Museum ist die Privatsammlung des Arztes Nikolaus von Himsel (1729–1764), die schon 1791 im Ostflügel des Domklosters untergebracht wurde und zu einer der ältesten in Europa zählt. Himsel hatte u. a. Waffen, Münzen, Urkunden und Medaillen gesammelt, die vor allem die Entwicklung der Hansestadt Riga dokumentieren, aber auch die Frühgeschichte der ersten Siedlungen an der Düna (Daugava). Altstadt • Palasta 4 • www.rigamuz.lv • Mai–Sept. tgl. 10–17 Uhr, Okt.–April Mo, Di geschl. • Eintritt 1 Ls, Kinder 0,50 Ls

Rigaer Jugendstilmuseum (Rīgas Jūgendstila muzejs)
▶ S. 114, C 7

Ein kleines Privatmuseum zum Thema Jugendstil in Riga, und wo könnte es besser untergebracht sein als in der Alberta iela? Alles, was zum Jugendstil gehört, ist in der kleinen Wohnung liebevoll arrangiert, die Wände zieren Bilder des Jugendstilmalers Konstantin Pēkšēns. Zentrum • Alberta 12 • www.jugend stils.riga.lv • Di–So 10–18 Uhr • Eintritt 2 Ls, Kinder 1 Ls

Riga Motormuseum (Rīgas Motormuzejs) 👫
▶ S. 115, westl. F 7

In der Vorstadt gelegen, aber für kleine und große Autoliebhaber ein Muss. Der Fuhrpark des Kremls mit seinen riesigen Limousinen aus der Sowjetzeit wird ausgestellt, wobei man u. a. die gepanzerte überdimensionale Limousine von Breschnjew bewundern kann. Stalin zeigt sich in seiner weißen Uniform in einer Limousine der Marke Sil. Historische Rennwagen aus den Fünfzigern, an die 200 historische Motorräder und Fahrräder – seit 1989 alles großzügig in drei Hallen ausgebreitet.
Mežciems • Eizenšteina 6 • Bus 21: Pansionāts • www.motormuzejs.lv • tgl. 10–17 Uhr • Eintritt 2 Ls, Kinder 0,50 Ls

GALERIEN

Alma-Galerija ▶ S. 114, nördl. B 5

Diese ambitionierte Galerie befindet sich in einer schönen Altbauwohnung im Jugendstilviertel. Anspruchsvolle lettische Kunst von in Riga lebenden Künstlern steht im Vordergrund des Programms. Am besten ist ein Besuch nach vorheriger Verabredung. Zentrum • Rūpnīcas 1 • www.galerija-alma.lv

Birkenfelds Galerija ▶ S. 113, F 3/4

Renommierte Galerie mit Schwerpunkt Moderne aus Lettland. Auch viele bekannte Künstler aus den Nachbarländern stellen hier aus. Zentrum • Rūpniecības 3 • www.birkenfelds.com

Māksla Xo Galerija ▶ S. 114, C 8

Schicke Galerie im Jugendstilzentrum mit vielen Grafiken lettischer und baltischer Künstler. Zentrum • Elizabetes 14 • www.makslaxogalerija.lv

Tifana Art Gallery ▶ S. 118, C 14

Eine der wenigen Galerien, die sich mit zeitgenössischer Kunst in den letzten Jahren in Riga behaupten konnte. Werke vieler angesehener lettischer Künstler hängen hier. Wechselndes Ausstellungsprogramm. Altstadt • Jana 16 • wwww.tifana gallery.com

HAUPTSACHE UNGEWÖHNLICH.

Hauptsache zu zweit: Das neue MERIAN-Buch zeigt Trauminseln für die Flitterwochen, begleitet Liebende, Freunde und ungleiche Paare zu nahen und fernen Zielen. Und präsentiert die verrücktesten Orte, an denen man eine Nacht verbringen kann. Die Reportagen und spektakulären Fotografien werden von 90 Reise-Ideen ergänzt, die mit Tipps und Adressen zum Nachmachen anregen. ISBN 978-3-8342-1179-8, € 24,95 (D), € 25,70 (A). WWW.MERIAN.DE

MERIAN
Die Lust am Reisen

Das Neue Schloss in Sigulda (▶ S. 90).
Das Städchen am Ufer der Gauja glänzt
mit einer ganzen Reihe von Burgen und
Schlössern aus verschiedenen Epochen.

Spaziergänge
und Ausflüge

Durch verwunschene Gassen und über großzügige Boulevards – Rigas Flair ist einzigartig. Und das Umland bietet lauschige Ostseestrände und Natur pur.

Die Altstadt Rigas – Kirchen, Kunst, herausgeputzte Kaufmannshäuser

CHARAKTERISTIK: Der Spaziergang führt durch den historischen Stadtkern, Besucher kommen an restaurierten Patrizierhäusern, bedeutenden Kirchen und interessanten Museen vorbei DAUER: 1,5 Std. LÄNGE: ca. 3 km EINKEHRTIPP: Alus arsenāls, Pils laukums 4, Tel. 29 11 21 54, www.alus-arsenals.lv, Mo–Do 12–23, Fr 12–24, Sa 13–24, So 13–23 Uhr €€ (▶ S. 20)
KARTE: ▶ S. 118, C 14

Der Start dieses Spaziergangs ist die **St. Petrikirche**, vor der sich die Bremer Stadtmusikanten aufgestellt haben, ein Geschenk der Hansestadt Bremen an ihre Schwester. Der hohe Kirchturm prägt auch heute noch die Silhouette der Stadt. Nehmen Sie ruhig den Lift zur Aussichtsplattform, er führt Sie in etwa 72 m Höhe zu einer Galerie, von der Sie einen Blick auf die Altstadt und das angrenzende Zentrum werfen können.

Gleich hinter der Kirche verdient eine kleine Straße Ihre besondere Aufmerksamkeit: die **Skārņu iela**, zu Deutsch Fleischergasse.

Skārņu iela ▶ Sķūnu iela

Die Nr. 10/16 ist das älteste Gebäude aus Stein in Riga, hinter seinen romanischen Fensterbögen verbirgt sich die **St. Georgskirche**. Heute ist hier das **Museum für Angewandte Kunst** untergebracht. In der Skārņu 22, zwischen den beiden Kirchen steht der **Eckesche Konvent**. Gebaut hat es im 17. Jh. ein wenig beliebter Patrizier. Um seinen Ruf aufzumöbeln, gründete er hier ein Asyl für verarmte Witwen und Waisen.

Schauen Sie sich das kleine Relief an der Fassade des Konvents an. Der reumütige, bußfertige Eckes hat es angeblich eigenhändig angebracht, es zeigt Christus und die Sünderin. Jetzt überqueren Sie die Kaļķu iela, die Kalkstraße – durch diese Straße wurden alle wichtigen Baumaterialien herangefahren – und gelangen in die Sķūnu iela, die Scheunenstraße. Dass es auch in der Altstadt Jugendstilhäuser zu bewundern gibt, das zeigen beispielsweise die Nr. 2 und Nr. 10/12. Nehmen Sie sich Zeit für die besonders ausgeprägte florale Ornamentik an den Fassaden. Sehen Sie den Hund, der ganz oben über dem Balkon thront? Auch rechts in der kleinen Amatu iela stehen beeindruckende Jugendstilhäuser, z. B. auf Nr. 4. Am Ende der Amatu präsentieren sich die Häuser der **Großen** und **Kleinen Gilde** etwas protzig im neogotischen Stil der Gründerjahre.

Domplatz ▶ Kunstmuseum Riga Börse

Über die Zirgu iela gelangt man nun auf den beeindruckenden **Domplatz**. Er ist das Herz der Stadt, im Sommer ein großer Biergarten, auch im Winter belebt. An kleinen Buden wird lettische Handarbeit angeboten, abends gibt es meist Livemusik. Das alles spielt sich vor der größten Kirche des Baltikums ab, dem **Dom** 3, der über 5000 Gäste und Gläubige aufnehmen kann. Der geräumige Platz, so wie man ihn heute erlebt, wurde erst zu Beginn des 20. Jh. angelegt, als man verfallene Häuser aus dem Mittelalter abtragen musste. Man wähnt sich fast in Venedig, wenn man das palazzoartige Haus der Börse mit seinen allegorischen Figuren an der Fassade aus dem Jahr 1856 am Domplatz erblickt. Seit Kurzem ist hier das **Kunstmuseum Rigaer Börse** 9 untergebracht. Sie sollten nicht versäumen, einen Blick hineinzuwerfen, schon das Vestibül ist beeindruckend! Und vielleicht weckt ja sogar die eine oder andere temporäre Ausstellung in der Börse Ihre Aufmerksamkeit, von der Museumsleitung und den Förderern des Hauses sind mehrere Glanzlichter über das Jahr verteilt geplant.

Pils iela ▶ Schloss

Nach der Börse geht's auf der Pils iela, der Schlossstraße, zum Sitz des Präsidenten der Republik Lettland. Über dem Rigaer **Schloss** 5 weht heute wieder die lettische Fahne, nachdem es über Jahrhunderte hinweg wechselnden Herrschern diente – Schweden, Polen, Russen, Deutschen. Die dem Fluss zugewandte Seite des Schlosses mit seinen dicken Wehrtürmen stammt aus dem beginnenden 16. Jh., als es noch der Sitz des Deutschen Ordens war, von den Bürgern in Riga seinerzeit wenig geliebt. Aber auch die nachfolgenden Schlossherren waren den Einheimischen ein Dorn im Auge, waren es doch Fremdherrscher.

Erst in der ersten Hälfte des 20. Jh. konnten sich die Bürger mit ihrem Schloss identifizieren, als es kurzfristig zum Regierungssitz eines unabhängigen Lettland erkoren worden war. Das Bauwerk aber wurde ziemlich heruntergewirtschaftet, als unter der sowjetischen Besatzung die jungen Pioniere eingezogen waren. Machen Sie sich selbst ein Bild vom heutigen Zustand, ein Teil des Geländes ist frei zugänglich, es wird viel gebaut. Im Obergeschoss des Schlosses ist außerdem das sehenswerte **Historische Museum** untergebracht.

Kunsthandwerker stellen an der St. Johanniskirche (▶ S. 65) ihre Arbeiten vor. Besonders gefragt sind neben kleinen Gemälden Objekte aus Bernstein.

Metropole des Jugendstils – Entdeckung der Highlights in der Stadt

CHARAKTERISTIK: Der Spaziergang führt durch das aufwendig restaurierte Jugendstilviertel, seit 1997 mit seinen beeindruckenden Wohnhäusern und Wohnungen UNESCO-Weltkulturerbe DAUER: 2,5 Std. LÄNGE: ca. 2 km EINKEHRTIPP: Vincents, Elizabetes 19, Tel. 67 33 26 34, www.vincents.lv, Mo–Fr 12–15, 18–23, Sa 18–23 Uhr €€€€ (▸ S. 18)
KARTE: ▸ S. 114, C 8

Am Vorplatz des **Lettischen Nationalen Kunstmuseums**, Ausgangspunkt unseres Spaziergangs, treffen wir schon auf einen der Protagonisten des Jugendstils in Riga. Hier steht die Büste des Malers **Jānis Rozentāls**, unverkennbar an der Palette, die er in den Händen hält. Nachdem die laute K. Valdemāra überquert ist, fällt schon an der Ecke Pumpura/Alunāna 2a ein Jugendstilbau ins Auge. Das Wohnhaus weist in seinen Verzierungen und Ornamenten Elemente der sogenannten nationalen lettischen Romantik auf: Motive aus der Volkskunst, allerdings sehr bewusst und eher schlicht eingesetzt.

Pumpura iela ▸ Elizabetes iela

Weiter geht's die Pumpura hinauf zur Antonijas iela. Fürchten Sie sich nicht vor den Drachen, die im Haus Nr. 8 das Eingansportal bewachen! Es ist 1903 von einem der berühmtesten Architekten des Jugendstils in Riga, Konstantīns Pēkšēns (1859–1928), gebaut worden. Pēkšēns hat in Riga rund 120 Häuser im Jugendstil entworfen und als Lette am Rigaer Polytechnischen Institut studiert, das für eine mehr nationale Ausprägung des Jugendstils stand. Die Antonijas führt rechts in die Elizabetes.

Jetzt bitte den Atem anhalten! Die Häuser auf Nr. 10a, 10b und 33 entwarf Michail Ossipowitsch Eisenstein. Unbestritten hat der Vater des berühmten sowjetischen Filmregisseurs Sergej Eisenstein hier Häuser geschaffen, die weltweit zu den Juwelen des Jugendstils zählen. Lassen Sie sich Zeit beim Betrachten der Fassaden und entdecken Sie die reiche Ornamentik der Jugendstil-Klaviatur, die der Architekt wie kein anderer beherrschte: Masken, stilisierte Blumenmotive, Sphingen und andere Fabelwesen sind an die Fassaden drapiert.

Eisenstein hatte seine Ausbildung in St. Petersburg genossen. Die kühle Architektur des späten Petersburger Klassizismus beeindruckte ihn wenig, ihm ging es um Dekor und Ornament. Er wurde in Riga als verrückter Tortenbäcker verspottet und galt als Pedant. Seine Detailversessenheit machte ihn berüchtigt – aber auch beliebt bei seiner Klientel, den um die Jahrhundertwende mit der einsetzenden Industrialisierung zu Geld gekommenen deutschen und russischen Kaufleuten.

Das Eckhaus Nr. 4a ist auch so ein Wunderwerk von Eisenstein: eine Privatschule für die russische Schülerelite aus dem Jahr 1905 und unter den Sowjets dann ein recht heruntergekommenes Wohnhaus. Heute beherbergt es die Rigaer Wirtschaftshochschule, ermöglicht durch die George-Sorros-Stiftung.

Spaziergänge 83

Jugendstilpracht an der Alberta iela (▶ S. 51). An der Wende zum 20. Jh. setzte in Riga ein stürmischer Bauboom ein, heute zählt man in der Stadt ca. 800 Jugendstilhäuser.

Strēlnieku iela ▶ Alberta iela

Bevor wir in die **Alberta iela** 2 gelangen, der Prunkstraße des Jugendstils, lohnt ein kurzer Blick in den originellen Laden **Art Nouveau Rīga** in der Strēlnieku 9. Vielleicht lassen Sie sich hier zum Kauf von verschiedenen Jugendstilobjekten verführen. Wir blicken rechts in die Alberta iela, benannt nach jenem deutschen Bischof, der Riga gegründet hat. Kurz ist die Straße, nur 14 Häuser, die im Lauf von nur sieben Jahren zwischen 1901 und 1908 realisiert wurden. Fast die Hälfte hat Michail Ossipowitsch Eisenstein konzipiert. Alle weisen die gleiche Höhe sowie einen U-förmigen Grundriss auf. Prachtvolle Opulenz bestimmt die Fassaden der Häuser Nr. 2, 2a, 6, 8 und 13 – überbordendes Baudekor aus Stuck. Es kann einem ganz schön schwindlig werden bei all diesen Fabelwesen, Mädchenköpfen, Männermündern und den Löwen. Das Haus Nr. 2 hat ein aufgesetztes Blendstockwerk, das allein der Dekorationskulisse dient. Wesentlich sachlicher, schlichter und doch dem Jugendstil verhaftet geht es auf Nr. 12 zu, von Pēkšēns gebaut. Als sein eigener Auftraggeber konnte er dieses Gebäude ganz nach seinem Geschmack gestalten, ohne auf neureiche Bauherren mit ihrem Wunsch nach überbordender Ornamentik Rücksicht nehmen zu müssen. Das Haus war damals Treffpunkt der Rigaer geistigen Elite, Schriftsteller und Künstler, Architekten und Musiker gingen ein und aus. Auf deren Spuren wandelnd sollten Sie unbedingt das ausgemalte Treppenhaus bewundern und dann das Atelier von Janis Rozentāls im obersten Stockwerk sowie das kleine Jugendstilmuseum besuchen. Nach so viel Opulenz hat man vielleicht Sehnsucht nach einem coolen Ambiente: Das Edelrestaurant **Vincents** liegt nur einen Steinwurf entfernt in der Elizabetes 19.

Die Moskauer Vorstadt – Ein Spaziergang durch ein kontrastreiches Viertel

CHARAKTERISTIK: Anfang des 20. Jh. lebten hier russische und jüdische Handwerker – heute ist es ein pittoreskes Viertel im Wandel DAUER: ca. 2 Std. LÄNGE: ca. 2,5 km EINKEHRTIPP: Pirosmani, Maskavas 6, Tel. 29 32 62 99, www.restaurant-pirosmani.lv, tgl. 11–23 Uhr €€ (▶ S. 21) KARTE: ▶ S. 119, D 15

»Maskatschka« wird dieses alte Rigaer Viertel von den Bewohnern der Moskauer Vorstadt im Jargon genannt. Vor dem Zweiten Weltkrieg wohnte hier eine Art Völkergemisch: viele Russen, deren »Herrschaft« in der vornehmen Innenstadt lebte, jüdische Handwerker, lettische kleine Angestellte. Heute ist das Viertel im Wandel begriffen: Mit der Umgestaltung der **Speicher** 7, der Spīķeri, in Orte der Kunst lassen sich hier neuerdings Künstler nieder. Die teils leer stehenden Häuser werden in Ateliers umgewandelt, in den etwas finsteren Hinterhöfen entstehen schon mal Kreativwerkstätten. Dies alles bei einer relativ hohen Arbeitslosenrate.

13. Janvāra iela ▶ Goǵoļa iela

Ausgangspunkt des Spaziergangs ist das **Kaufhaus Stockmann** neben dem Hauptbahnhof in der Janvāra iela 13. Rechts in die Goǵoļa-Straße einbiegen, durch die Unterführung, und schon ist man in Moskau – so denkt man, denn es grüßt ein alter Moskauer Bekannter: ein Hochhaus im berühmt-berüchtigten stalinistischen Zuckerbäckerstil. Es beherbergt die **Lettische Akademie der**

Die 13 verbliebenen zweistöckigen Backsteingebäude im Speicherkomplex Spīķeri (▶ S. 63) haben sich binnen kurzer Zeit zu einem angesagten Kulturareal gemausert.

Wissenschaften. Es lohnt ein kurzer Abstecher ins Innere des Gebäudes mit dem prächtigen Vestibül. In den Sommermonaten empfiehlt es sich, mit dem Lift zur Aussichtsplattform in den 17. Stock zu fahren, Sie werden belohnt mit einem schönen Blick auf Altstadt und Fluss.

Gogoḷa iela ▶ Sadovṇikova

Weiter die Gogoḷa-Straße entlang, man passiert die den russischen Dichtern Turgenjew und Puschkin gewidmeten Straßen. Dann das ein oder andere Holzhaus am Straßenrand und vorbei an kleinen, eher ärmlichen Läden, bis Sie zu einem begrünten Platz an der Sadovṇikova kommen. An der Gogoḷa Nr. 25 stand einst die größte **Synagoge** der Stadt, bis sie die Nazis 1941 in Brand setzten. 300 Menschen waren die ersten Opfer des Holocaust in Riga. An das Geschehen erinnert heute der Platz, die Grundmauern des Gotteshauses sind freigelegt, eine Betonmauer mit eingravierten Namen der Opfer. Hier begann das jüdische Ghetto, in dem während der Nazizeit an die 70 000 Menschen zusammengepfercht und dann in den umliegenden Wäldern erschossen wurden. Einen Blick auf den **Latgalite Markt** in der Sadovṇikova haben Sie auf Höhe der Gedenkstätte: ein Flohmarkt, auf dem man fast alles finden kann, von Nippes bis zum Art-déco-Tässchen, das fordert aber etwas Glück und Geduld.

Dzirnavu iela ▶ Maskavas iela

Gehen Sie rechts in die Dzirnavu iela, die auch recht russisch anmutet mit ihren Holzhäuschen, und Sie stoßen auf die Maskavas iela, die Moskauer Straße, in die Sie rechts einbiegen. In den ehemaligen Speichern um die Nr. 12 herum ist schon ein großer Teil des geplanten neuen **Kunstzentrums Spīķeri** entstanden. An die zwölf Speicher sollen in den kommenden Jahren in Orte für die Künste verwandelt werden – wenn die Finanzierung gesichert ist.

Den Anfang hat schon einmal das Ausstellungszentrum gemacht: **kim?** stellt sich die Frage »Was ist Kunst?«, und das ist Programm geworden – hier finden seit 2009 internationale Ausstellungen statt, die diese Frage aufgreifen. Das **Dirty Deal Café** im Korpus 2 ist nach wie vor Treffpunkt der alternativen, unabhängigen lettischen Kulturszene. An der Maskavas iela 14 a ist eine Art **Infobox** im Hof aufgestellt. Mit den großen Fotos und Installationen, die das Leben im ehemaligen jüdischen Ghetto zeigen, soll sie auf das geplante Ghetto-Museum in der Moskauer Vorstadt hinweisen. Die Entwürfe und Planungen sind bereits sehr weit gediehen. So soll auf einem 1000 qm großen Areal, dort, wo sich der Eingang zum Ghetto befand, an der Turgeneva/Ecke Krasta, ein mit Glas überdachtes Haus errichtet werden. Steine aus dem Ghetto werden den Hof bepflastern. Das Projekt ist noch auf die Hilfe weiterer Sponsoren aus aller Welt angewiesen, damit das Museum 2012/2013 seine Pforten öffnen kann.

Ein Stück weiter auf der Maskavas gegenüber dem kim? können Sie, vor allem nachts, auf dem recht beeindruckenden **Nachtmarkt** (Nakts tirgus) Lebensmittel, Obst und Gemüse erwerben, die Bauern der Umgebung hier an Großhändler verkaufen.

In den renovierten Speichern von Haus Nr. 6, im Restaurant **Pirosmani** in unmittelbarer Nähe des Zentralmarktes, gibt es beste georgische Speisen, einfach nur einen Granatapfelsaft oder ein Glas georgischen Tee.

Die Insel Ķīpsala – Russisches Datschenambiente mit Flussaussicht

CHARAKTERISTIK: Der Spaziergang führt auf eine am linken Ufer der Daugava gelegene Insel, einem ruhigen Villenviertel mit restaurierten Holzhäusern und kleinen Datschen **DAUER:** 1,5 Std. **LÄNGE:** ca. 3 km **EINKEHRTIPP:** Fabrikas restorāns, Ķīpsala, Balasta dambis 70, Tel. 67 87 38 04, www.fabrikarestorans, tgl. 11–24 Uhr €€€

KARTE: ▶ S. 117, E/F 9/10

Der deutsche Philosoph Johann Gottfried Herder hatte die Insel im 18. Jh. zu seinem Lieblingsort erkoren. Am Ufer der Daugava ließ es sich besonders gut nachdenken. Auch heute bietet sich ein beeindruckender Blick auf den Rigaer Hafen mit seinen Industrieanlagen, Frachtschiffen, Passagierdampfern und auf die Altstadt. Ķīpsala (deutsch: Kiepenhofen) wird nun überwiegend von betuchteren Familien bewohnt, von vielen Architekten und Diplomaten, die es sich leisten können, neue Villen zu bauen oder die alten Holzhäuser behutsam restaurieren zu lassen.

Vanšu tilts ▶ Balasta dambis

Sie beginnen den Bummel an der **Vanšu tilts**, der großen Kabelbrücke gegenüber dem Schloss. Nach Überquerung der verkehrsreichen Brücke wenden Sie sich bitte gleich nach rechts. Sie betreten den Uferweg mit seinem Kopfsteinpflaster und sind auf einmal in einem ganz anderen Riga. Man ist umgeben von Ruhe, eine frische Brise weht vom Fluss, kleine Holzdatschen sind zu sehen, Enten watscheln gemächlich über die Straße. Vorsicht, im Winter kommt man bei Schnee und Eis auf den Pflastersteinen schnell ins Rutschen! Und nicht die Uferstraße, die **Balasta dambis**, verfehlen, denn sonst landen Sie im langweiligen Teil der Insel mit den neu gebauten, eintönigen Messehallen, einem öden finnischen Hotel und einem Allerwelteinkaufszentrum.

Schon über Jahre zieht sich die Planung eines Museums auf Ķīpsala hin. Es soll unweit der Uferstraße gebaut werden und an jenen Mann erinnern, der während der Nazizeit in einem unterirdischen Bunker an die 60 Juden vor den Gaskammern rettete. Sein Name: Zanis Lipke. Eine **Gedenktafel** wurde am 4. Juli 2011 eingeweiht. Ein schlichter Holzbau ist von der bekannten Rigaer Architektin Zaiga Gaile geplant, der spätestens zum Kulturhauptstadtjahr 2014 endlich fertig sein soll. Sie setzt sich auch vehement für den Erhalt der zahlreichen Holzhäuser ein.

Sehen Sie sich an der Uferstraße Balasta dambis einige dieser Gebäude näher an, z. B. Haus Nr. 60. Es stand noch bis vor ein paar Jahren im Zentrum an der Brīvības und sollte endgültig abgerissen werden. Dank einer Bürgerinitiative und eines privaten Sponsors wurde es auf Ķīpsala sorgfältig wieder aufgestellt. Das sogenannte **Australische Haus** – gleich nebenan mit einem Känguru auf dem Dach – gehört zur Botschaft Australiens, raffiniert wurde hier der alte Holzbau mit einem neuen Anbau kombiniert. Ein Blickfang ist auch Haus Nr. 68b, ebenfalls liebevoll saniert.

Spaziergänge

Balasta dambis ▶ Zvejniekuu iela

Sie gelangen nun unweigerlich an ein altes Fabrikgebäude aus roten Ziegelsteinen. Es wurde sorgsam restauriert, wobei man sich unverkennbar bemüht hat, den spröden Charme der Industriearchitektur aus dem späten 19. Jh. zu bewahren.

Über Kopfsteinpflaster geht's vorbei an meist noblen Limousinen und Geländewagen, die hier häufig etwas willkürlich parken, zum Eingang des schicken Restaurants **Fabrikas**, das fest in russischer Hand ist. Es bietet Qualität, ausgezeichnete italienische Gerichte und auch Fusion-Küche, die allerdings ihren Preis hat. Von der Terrasse genießt man einen einmaligen Blick auf die Hafenanlagen auf der anderen Seite, auf die Halbinsel Andrejsala mit ihren Industrieruinen, die ja bald in Orte der Kunst verwandelt werden sollen.

Von der schwimmenden Terrasse aus kann man in aller Ruhe beobachten, wie so manche mondäne Motorjacht einen Versuch unternimmt, hier anzulegen.

Zvejnieku iela

Hinter der Fabrika unternehmen Sie links ein paar Schritte über die Oglu und schon befinden Sie sich auf der Zvejnieku iela. Hier ist mit Haus Nr. 5 eine bezaubernde **Jugendstilvilla** zu entdecken, errichtet im Stil der lettischen Romantik des Architekten Eižens Laube, dessen eindrucksvolle Wohnhauskompositionen auch die großen Boulevards im Zentrum der lettischen Hauptstadt zieren.

Jetzt können Sie zum Fabrikas restorāns zurückkehren, und vielleicht haben Sie Lust, noch einen Espresso zu genießen. Das aufmerksame Personal ruft Ihnen anschließend gern ein Taxi zurück nach Riga.

Kopfsteingepflasterte Gassen und liebevoll restaurierte Holzhäuser prägen Ķīpsala. Und schmucke Restaurants wie das Fabrikas (▶ S. 87) verführen zur Einkehr.

AUSFLÜGE IN DIE UMGEBUNG

Jūrmala am Meer

CHARAKTERISTIK: Eines der schönsten Strandbäder an der Ostsee, aus mehreren Orten bestehend, auch »Lettische Riviera« genannt **ANFAHRT:** Mit dem Vorortzug halbstündlich vom Rigaer Bahnhof (Richtung Tukums) **FAHRTDAUER:** ca. 35 Min., aussteigen in Lielupe, Bulduri, Dzintari oder Majori, mit dem Auto ca. 20 km, ausgeschildert, Maut 1,50 Ls **DAUER:** Tagestour **EINKEHRTIPP:** Orients-Sultans, Majori, Jomas 31, Tel. 7 76 20 82, www.restoran-orient.lv, tgl. 11–1 Uhr €€ **AUSKUNFT:** TIC Jūrmala, Majori, Lienas 5, www.jurmala.lv
KARTE: ▸ S. 89 und Klappe hinten

Die Fischerdörfer östlich von Riga zwischen der Rigaer Bucht und dem parallel zur Küste verlaufenden Fluss Lielupe sind schon im 19. Jh. als Kurorte entdeckt worden, dank ihrer Schwefelquellen, ihrer breiten Sandstrände, ihrer Kiefernwälder hinter dem Strand. Seit dieser Zeit baut man hier Sommerhäuser in der Nähe der Ostsee. 1877 wurde die Eisenbahnlinie zwischen Riga und Tukums eröffnet, woraufhin ein regelrechter Bauboom am etwa 32 km langen Strand einsetzte. Um die Jahrhundertwende entstanden mehr als 2000 Villen und Holzdatschen. Jūrmalas Ruf als exklusiver Badeort ging schnell um die Welt. Der russische Adel kam und zog die High Society Europas nach sich.
Auch heute noch kann man in ganz Jūrmala die stilvollen, nostalgischen Villen im Holzbau mit Veranden und Türmchen bewundern. In der Sowjetzeit wurden in Strandnähe Hotelkästen und Sanatorien hochgezogen, die heute umfangreich restauriert sind oder geschmackvolleren Neubauten weichen mussten. Jūrmala besteht aus den Ortsteilen Lielupe, Bulduri, Dzintari und Majori.
Steigen Sie einfach in **Bulduri** aus und laufen Sie in Richtung Strand (ausgeschildert!). Nehmen Sie sich ruhig ein paar Minuten Zeit und werfen einen Blick auf manch elegante Holzvilla im Jugendstil. Bulduri wurde vom baltischen und russischen Adel als Badeort zu Beginn des 20. Jh. besonders bevorzugt, und auch heute hört man hier wieder viel Russisch.
Auffallend ist, dass fast alle Häuser in letzter Zeit renoviert wurden. Die Stadtverwaltung von Jūrmala achtet darauf, dass beim Restaurieren oder auch bei Neubau strenge konservatorische Regeln eingehalten werden. Die Grundstückspreise sind jedoch sehr hoch. So mancher alteingesessene Bürger in Jūrmala musste seinen Besitz verkaufen, meist an betuchte Russen, weil er die hohen Grundsteuern nicht mehr bezahlen konnte. Von Bulduri aus können Sie herrlich am Meer entlang zu Fuß nach **Majori** laufen. In den Sommermonaten kann es hier so voll sein wie auf Sylt, und es ist häufig recht laut. In kleinen Buden werden Snacks und Getränke angeboten, im Wasser tummeln sich Badenixen, am Strand promenieren Touristen und Einheimische in schickem Badeoutfit. Bewundern Sie am Strand von Majori bitte den grün-weißen **Badepavillon**, der 1909 errichtet wurde. Er steht heute unter Denkmalschutz.

Ausflüge 89

Vielleicht hat Sie jetzt ein Bad in der Ostsee mit den vielen Sandbänken erfrischt, und Sie können sich Majori, das Touristenzentrum von Jūrmala, etwas näher ansehen. Die Hauptstraße heißt Jomas iela, sie ist die Flaniermeile des Ortes. Unweit der Jomas, in der Tirgoņu 29, liegt das kleine **Stadtmuseum**, seit 2005 mit elegantem neuen Anbau. Das sollten Sie nicht auslassen, es zeigt eine einzigartige Fotosammlung zur Geschichte der kleinen ehemaligen Fischerdörfer an der Ostsee mit vielen historischen Postkarten. Auf die Badeanzugkollektion, die zu sehen ist, kann man eventuell verzichten.

Näher am Meer verläuft die Jūras-Straße, wenn Sie sich dem Flaniertrubel etwas entziehen wollen. In der Jāņa Pliekšāna iela 5/7 steht – unübersehbar – das zweistöckige schlichte **Sommerhaus des Nationaldichters Jānis Rainis**, dem Sie in Riga schon über den Weg gelaufen sind. Wieder so ein kleines, liebevoll eingerichtetes Schriftstellermuseum. Er verbrachte die letzten drei Sommer seines Lebens in Majori. Und am 8. September 1929 verfasste er hier sein letztes Gedicht, das ganz tröstlich endet: »Die erste Tugend, wie auch die letzte ist nur die: zu lieben!«. Sollte es jetzt schon Abend geworden sein, lockt Sie vielleicht ein Konzert in den hübschen, zwischen Dzinteri und Majori gelegenen **Konzertsaal** aus dem Jahr 1936, der 2005 völlig überholt wurde. Hier finden über die Grenzen Lettlands hinaus bekannte Konzerte der E- und U-Musik sowie populäre Open-Air-Konzerte statt (Turaidas 1, Tel. 776 20 92, www.dzk.lv).

INFORMATIONEN

Stadtmuseum
Tirgoņu 29 • www.jurmalasmuzejs.lv
Mi–So 10–17 Uhr • Eintritt 1 Ls

SPAZIERGÄNGE UND AUSFLÜGE

Burgenstadt Sigulda

CHARAKTERISTIK: Burgruinen, Schlösser und ein einmaliger Blick in das Flusstal der Gauja warten auf den Besucher **ANFAHRT:** 40 km nordöstlich von Riga; mit dem Auto über die A2 Richtung Pskow; stündlich verkehrt ein Zug vom Hauptbahnhof **DAUER:** Tagesausflug **LÄNGE:** ca. 6 km **EINKEHRTIPP:** Restaurant und Hotel Aparjods, Ventas 1 a, Tel. 67 97 22 30, www.aparjods.lv €€€
KARTE: ▶ S. 90 und Klappe hinten

Sigulda wurde erstmals im Mittelalter erwähnt, als der deutsche Schwertbrüderorden im 13. Jh. hier eine **Ordensburg** errichtete. Aber so richtig als Sommertreff der russischen, polnischen und deutschen Hautevolee wurde das Städtchen erst gegen Ende des 19. Jh. entdeckt, als 1889 die Eisenbahn zwischen Riga und dem russischen Pskow (Pleskau) in Betrieb genommen wurde. Das verträumte Örtchen ist auch heute wieder zu einem der beliebtesten Touristentreffs in ganz Lettland geworden. Sigulda hat den Besuchern allerhand zu bieten: Burgruinen, Schlösser, den nahe gelegenen **Gauja-Nationalpark**, eine **Drahtseilbahn** über die Gauja hinweg. Und im Winter ist es unter Rodlern besonders beliebt: Die einst für die sowjetische Bobmannschaft gebaute **Bobbahn** ist 1,2 km lang. Im Sommer wird die Bahn in eine Sommerrodelbahn verwandelt, man saust mit großer Geschwindigkeit durch die vielen Kurven. Nehmen Sie sich etwa 2 bis 3 Std. Zeit für einen Rundgang zu den Burgen und Schlössern. Anschließend können Sie durch die Stadt selbst flanieren.

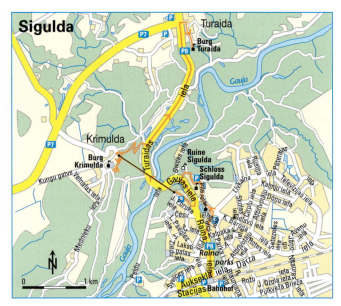

Neues Schloss Sigulda ▸ Burg

Vom Bahnhof aus geht's in die Reina iela, die in die Pils iela, die Schloss-Straße, mündet – unverkennbar mit ihren Linden. Das **Neue Schloss** erhebt sich wie eine mittelalterliche Burg an ebenjener Stelle, wo einst die Vorburg der Ordensburg gestanden hatte. Die Anlage ist aber erst 1878 erbaut wurden, als Sommerresidenz für den russischen Hochadel. Fürst Pjotr Kropotkin soll sich hier aufgehalten haben, bevor er als Anarchist ins Londoner Exil gehen musste. Heute tagt hier die Stadtverwaltung. Hinter dem Schloss führt ein ansteigender Weg über den Burggraben zur **Ruine** der Ordensburg. Man erkennt alsbald einen mächtigen Turm und Burgruinen. Die Ruine mit ihrer Freilichtbühne dient bei den renommierten Opernfestspielen im Sommer als malerische Kulisse für so manche Inszenierung und ist auch ein beliebter Ort für Jazzkonzerte.

Jetzt schweben Sie am besten mit der **Seilbahn** über den Fluss Gauja. Die Fahrt verläuft allerdings schwindelerregend in 40 m Höhe auf einer Strecke von gut 1 km. Wen die Höhenangst plagt, der kann ohne weiteres zu Fuß über die Brücke spazieren. Genießen Sie den einmaligen Blick über das Flusstal! Sie kommen an der **Burgruine Krimulda** an. Die Bischofsburg wurde im 17. Jh. von den Schweden zerstört, links das Schloss Krimulda. Das Empireschlösschen ist nicht weiter von Belang – erbaut 1854 für ein altes baltisches Adelsgeschlecht, ist es heute eine Klinik.

Krimulda ▸ Turaida

Jetzt folgt eine kleine Durststrecke: der Serpentinenweg hinauf nach **Turaida** auf der gleichnamigen Straße. Sie müssen zwar nicht unbedingt kraxeln, es geht aber doch hoch hinauf. Die Gegend um Sigulda wird zwar häufig »Lettische Schweiz« genannt, schneebedeckte Wipfel und Gipfel wurden hier allerdings noch nicht gesichtet. Sie werden für alle Anstrengungen schließlich belohnt: Die **Burg Turaida** ist durchaus eine kleine Attraktion. Sie wurde 1214 für den Rigaer Bischof Albrecht gebaut, fiel jedoch im Jahr 1776 teilweise einer Feuersbrunst zum Opfer. Sie sollten ca. 30 m hoch auf den Turm im Innenhof steigen. Der Panoramablick aufs Städtchen und das Gauja-Tal belohnt für alle Strapazen.

Heute sind einige Teile des Geländes abgesperrt, man versucht mit Unterstützung von Geldern aus der EU die Burg nach Originalplänen zu rekonstruieren. Einzelne Bereiche sind aber zu besichtigen. Ins Städtchen zurück können Sie auch einen Bus nehmen, dieser führt zum Bahnhof und in die Nachbarschaft netter Gasthäuser und ansprechender Läden.

Wenn Sie Sigulda im Sommer besuchen, sollten Sie – wenn möglich – zwei hochkarätige **Musikevents** nicht versäumen und im Voraus einplanen: das Internationale Fest der Opernmusik sowie Konzerte von Gidon Kremer und der Kremerata Baltica (www.kremerata-baltica.com).

INFORMATIONEN

Touristeninfo Sigulda

Raina 3 • Tel. 67 97 13 35 • www. sigulda.lv • Mai–Okt. tgl. 9–19, Nov.–April Mo–Fr 9–18, Sa, So 9–16 Uhr

Burg Turaida

Tel. 67 97 23 76 • www.turaida-muzejs.lv • tgl. 9–20, im Winter tgl. 10–17 Uhr • Eintritt 1,50 Ls, Kinder 0,50 Ls

Am Fluss Gauja

CHARAKTERISTIK: Eine Entdeckungsreise am schönsten Fluss Lettlands mit seinen malerischen Tälern und Wäldern bietet unvergessliche Einblicke in Flora und Fauna am Fluss **ANFAHRT:** Mit dem Auto von Riga auf der A 2 ca. 55 km bis nach Augšlīgatne, dann 7 km bis nach Līgatne. Mit Zug oder Bus von Riga nach Sigulda, am Busbahnhof fährt stündlich ein Bus nach Līgante **DAUER:** Tagesausflug **EINKEHRTIPP:** Restaurant mit Hotel Lāču Miga, Gaujas 22, Līgatne, Tel. 64 15 34 81, www.lacumiga.lv €€
KARTE: ▶ Klappe hinten

»Livländische Schweiz«, so wird die Landschaft zwischen **Sigulda** und **Cēsis** ob ihrer herrlichen Natur gern genannt. Der Fluss Gauja schlängelt sich hier durch tiefe Schluchten, stille Täler und herrliche Kiefernwälder. Rotgelb leuchten die Sandsteinfelsen, die schon in der Eiszeit von Gletschern in das Urstromtal geschnitten wurden. 1972, noch unter sowjetischer Herrschaft, wurde das etwa 1000 qkm große Areal um den Fluss zum »Gaujas nacionālais parks« und somit zum Naturschutzgebiet erklärt. Im Sommer können ausgedehnte Wanderungen entlang des Flusses mit seinen grünen Uferwiesen und steilen Tälern unternommen werden. Für Kanufahrer ein Paradies. Auch Radfahrer kommen auf ihre Kosten, es wurden viele Wege durch das grüne Hinterland angelegt – im Winter ideal für Langlaufski.

Ausgangspunkt unserer Erkundung ist ein hübsches Dörfchen namens **Līgatne**. Von hier aus kann man auf verschiedene Art den Fluss und seine Landschaft entdecken.

Līgatne ist immer noch ein beschauliches Dorf, es liegt am gleichnamigen Flüsschen, das etwas außerhalb des Ortes in die Gauja mündet. Zu Beginn des 19. Jh. hat sich der Ort um eine **Papierfabrik** angesiedelt. Am Dorfteich stehen noch ein paar alte hölzerne Reihenhäuser aus der Zarenzeit, in denen damals die lettischen Arbeiter wohnten. Auch heute sind sie bewohnt, im Sommer blühen bunte Blumen in den gepflegten Vorgärten. Achten Sie auf die vielen Storchennester! Und schauen Sie sich ruhig die Papierfabrik an. Gehen Sie am Fluss entlang, bis Sie an einen Fabrikkomplex aus Backstein kommen. Mit seinen Schornsteinen ist er nicht zu übersehen. Er stellt ein gelungenes Beispiel für die Industriearchitektur aus dem 19. Jh. dar. Die Anlage wurde inzwischen modernisiert, wobei viel Wert auf die Erhaltung historischer Bausubstanz gelegt wurde. Auch heute noch wird in der Fabrik Papier hergestellt.

Vom Dorfteich aus nach links führt eine Straße nach ungefähr 2 km an das Ufer der Gauja. Die einzige Möglichkeit, den Fluss an dieser Stelle zu überqueren, ist eine schon etwas in die Jahre gekommene Fähre, eine Art Floß. Ein Drahtseil ist über den Fluss gespannt. An diesem gleitet das Floß ruhig über das Wasser, von der Strömung gezogen. Am anderen Ufer befindet sich das **Büro des Gauja-Nationalparks** (Līgatnes dabas takas). Hier kann eventuell Ihr Auto abgestellt werden. Jetzt haben Sie mehrere Möglichkeiten, um die Pflanzen- und Tierwelt an der Gauja zu erkunden. Die Parkverwaltung hat verschiedene **Naturpfade** angelegt und stattet Sie bei Bedarf mit Kartenmaterial aus. So können Sie wählen, ob Sie Biber, Elche, Wildschweine, ja sogar Bären beobachten wollen. Der Weg ist gut ausgeschildert und etwa 5 km lang. Eine Art Lehrpfad geleitet vorbei an Wildgehegen, die weiträumig umzäunt sind. Durch die bewaldeten Schluchten führen auch Wanderwege, die mehr der Botanik gewidmet sind, am Ufer des Flusses wachsen seltene Orchideen, Farne und Sumpfpflanzen.

Sollten Sie sich für eine **Vogelwanderung** entscheiden, so steht Ihnen ein fachkundiger Führer der Parkverwaltung zur Seite. Einige Gebiete um den Fluss dürfen nur in Begleitung eines Wildhüters betreten werden. Es geht über einen Holzsteg ins Moor, unberührte, geheimnisvolle Flusslandschaft gilt es zu entdecken, mit viel Glück auch einen Luchs.

Versäumen Sie nicht einen Blick vom **Aussichtsturm**, man genießt ein unschlagbares Panorama über Fluss und Land, mit seinen 22 m ragt das Bauwerk unübersehbar in die Höhe. Die Preise für den Parkeintritt und die speziellen Führungen sind noch moderat und liegen zwischen 1 und 3 Ls. Sollte sich nun nach all den Wanderungen die Dämmerung langsam herabsenken, dann lädt das gemütliche Restaurant **Lāču Miga**, die »Bärenhöhle«, ganz in der Nähe des Informationszentrums zur Einkehr in sein Blockhaus ein.

INFORMATIONEN
Büro des Nationalparks
Līgatnes dabas takas • Līgatnes pagasts • Tel. 64 15 33 13 • www.gnp.lv, www.celodaba.lv

Knapp die Hälfte des Gauja-Nationalparks (▶ S. 92) ist mit Wald bedeckt, in dem auch Bären leben. Beliebt sind die abenteuerlichen Bootstouren auf der Gauja.

Ein Land im Gesangsfieber: Abschlusskonzert auf der Freilichtbühne im Mežapark beim alle fünf Jahre stattfindenden Lieder- und Volkstanzfest (▶ S. 42).

Wissenswertes
über Riga

Nützliche Informationen für einen gelungenen Aufenthalt: Fakten über Land, Leute und Geschichte sowie Reisepraktisches von A bis Z.

Auf einen Blick

Mehr erfahren über Riga – Informationen über Land und Leute, von Bevölkerung über Politik, Religion und Sprache bis Wirtschaft.

AMTSSPRACHE: Lettisch
BEVÖLKERUNG: 42,3 % Letten, 41,3 % russischsprachig, 12 % andere
EINWOHNER: 713 000
FLÄCHE: 307 qkm
INTERNET: www.riga.lv
RELIGION: 73 % konfessionslos, die übrigen zu 60 % Protestanten und zu 20 % Katholiken
VERWALTUNG: 6 Stadtteile
WÄHRUNG: Lettischer Lats (Ls)

Bevölkerung

Lettland hat knapp 2,3 Mio. Einwohner, es gilt als sehr dünn besiedelt. Die Einwohnerzahlen sind im Schrumpfen begriffen, da die Geburtenrate fällt und viele Letten in anderen EU-Ländern Arbeit suchen. Knapp ein Drittel der gesamten lettischen Bevölkerung lebt in Riga. Im Vergleich zum übrigen Lettland ist der Anteil der russischsprachigen Bevölkerung in Riga mit 41,3 % besonders hoch, im restlichen Land beträgt die Quote der Bewohner mit russischer Muttersprache 27,7 %. Noch um 1990 lag die Einwohnerzahl bei fast einer Million, heute sind es nur noch 713 000.

Lage und Geografie

Riga erstreckt sich zu beiden Ufern der Daugava (Düna), etwa 10 km vor Mündung des Flusses in die Ostsee am Rigaer Meerbusen. Die Daugava teilt die Stadt in zwei Teile, in die Altstadt (Vecrīga) und das Zentrum

◄ Westlicher Lifestyle ist nicht mehr wegzudenken: Kellner in der Weinbar Garage.

am Ostufer sowie in Pārdaugava, (wörtlich: jenseits der Daugava) am Westufer. Pārdaugava gehört erst seit dem 19. Jh. zu Riga, vorher galt es als eigene Kleinstadt. Im Villenvorort Mežaparks, dem Waldpark, stehen im östlichen Teil teure Villen, auch noch aus der Zeit vor dem Ersten Weltkrieg. Hier war eine der ersten Gartenstädte Osteuropas entstanden. Das Stadtgebiet ist mit seinen 307 qkm verhältnismäßig groß, auf 1 qkm leben 2500 Einwohner.

Politik und Verwaltung

Lettland ist eine parlamentarische Demokratie. Der Präsident Andris Bērziņš residiert im Rigaer Schloss. Der einer Mitte-Rechts-Regierung vorstehende Premier Valdis Dombrowskis wurde nach den Neuwahlen vom Herbst 2011 erneut mit der Regierungsbildung beauftragt.
Rigas Bürgermeister ist seit 2009 Nils Uschakow, 1976 geboren. Erstmals wurde damit ein ethnischer Russe ins Bürgermeisteramt gewählt. Uschakow strebt eine bessere Verständigung zwischen Letten und Russen an. Die Stadtverwaltung tagt im Rathaus am Rathausplatz in der Altstadt und hat 60 Mitglieder. Derzeit sind vier Fraktionen im Stadtrat vertreten, neben den Sozialdemokraten sind dies die Christdemokraten, Kommunisten und Grünen. Riga ist in sechs Stadtbezirke aufgeteilt. Vier davon wurden nach den historischen Provinzen Lettlands benannt: Zemgales, Latgales, Vidzemes und Kurzemes. Das Zentrum wird Centra rajons genannt, Ziemeļu rajons umfasst einen großen Bezirk nordöstlich der Daugava.

Religion

Das Land ist schon durch seine Geschichte protestantisch geprägt. Die evangelische Kirche hat in Lettland etwa eine halbe Million Mitglieder, die katholische an die 400 000. In Riga fühlen sich nur an die 27 % einer Konfession zugehörig. Im Vergleich zur atheistisch geprägten Zeit unter den Sowjets bedeutet diese Zahl aber eine gewaltige Zunahme.

Sprache

Lettisch gehört neben Litauisch zum baltischen Zweig der indogermanischen Sprachfamilie und ist mit den slawischen Sprachen nicht näher verwandt. Untereinander verständigt man sich wieder in zunehmendem Maße auf Lettisch. Auch die im Lande lebenden Russen müssen die lettische Sprache heute in Wort und Schrift beherrschen. Für eine berufliche Weiterentwicklung ist Englisch ohne Alternative und wird in Hotels und Restaurants heute überall gesprochen. Deutsch, noch im 19. Jh. eine wichtige Verkehrssprache, spielt keine besondere Rolle mehr.

Wirtschaft

Noch vor wenigen Jahren konnte Lettland mit Zuwachsraten des Bruttosozialprodukts in Höhe von 12 % glänzen. Infolge der weltweiten Finanzkrise 2008 kann man heute von solchen Ergebnissen nur noch träumen. Immerhin ist es der Regierung inzwischen gelungen, ihren Euro-Kredit von 2009 in Höhe von 7,5 Mrd. € zurückzuzahlen: Ergebnis einer eisernen Sparpolitik, unter der die sozial Schwachen auch heute noch leiden. Die Arbeitslosenrate liegt derzeit bei etwa 14 %, noch 2010 war sie wesentlich höher (17,5 %).

Geschichte

2500–2000 v. Chr.

Indogermanische Bauern und Viehzüchter besiedeln das heutige Lettland.

1.–5. Jh.

Um die Rigaer Bucht leben die baltischen Stämme der Lettgallen, Kuren, Liven und Semgallen. Lokale Fürsten üben die Macht aus, es existiert aber kein einheitliches Staatswesen.

1180

Im letzten Viertel des 12. Jh. dringen deutsche Kaufleute bis nach Livland (entspricht dem heutigen Lettland mit Estland) vor. Begleitet werden sie von christlichen Missionaren, die die heidnischen Stämme am Unterlauf der Düna (Daugava) zum christlichen Glauben bekehren wollen.
Das Bremer Erzbistum entsendet 1184 den Missionar und Chorherren Meinhard von Segeberg, den späteren Bischof von Livland.

1200

Auf Bitten des aus Bremen stammenden Bischofs Albert von Buxhoeveden stimmt der Papst einem Kreuzzug nach Livland zu.

1201

Bischof Albert gründet Riga als Hauptstadt von Livland und errichtet dort einen Dom mit eigenem Kapitel.

1202

Die Kreuzritter bilden den geistlichen Schwertbrüderorden, benannt nach ihrem Wappen auf weißem Mantel mit dem nach unten zeigenden roten Schwert. Ihr Ziel: Christianisierung und Inbesitznahme des Landes mit »Feuer und Schwert«.

1206–1210

Livland wird unterworfen, zahlreiche Kaufleute aus Deutschland siedeln sich im »geistlichen Staat« an. Ab 1225 wählen die Bürger ihren Stadtvogt selbst, 1282 tritt Riga der Hanse bei und wird zur wohlhabenden Handelsstadt. Die ursprünglichen Bewohner leben als »Undeutsche« vor den Stadttoren und werden nur zur Arbeit hineingelassen.

1236

Der Schwertbrüderorden erleidet eine Niederlage bei der Schlacht von Šiauliai (Litauen) und wird in den ausschließlich dem Papst und nicht den örtlichen Bischöfen gehorchenden Deutschen Orden als Livländischer Orden integriert, mit einem Ordensmeister in Riga an der Spitze. Immer wieder kommt es zu kriegerischen Auseinandersetzungen zwischen dem Livländischen Orden und den nach Unabhängigkeit strebenden Bürgern Rigas.

1522

Martin Luthers Reformation stößt auf breite Zustimmung, es kommt zu Plünderungen und einem Bildersturm in Rigas Kirchen. Deutsche Pastoren übersetzen die Bibel ins Lettische und weisen damit einer muttersprachlichen Vermittlung des Christentums den Weg.

1562

Der livländische Ordensmeister Wolter von Plettenberg löst im Verlauf des später von Polen gewonnenen Livländischen Krieges (1558–1583) den Orden auf und verkündet das Recht auf freie Religionsausübung.

Geschichte 99

1621

Der Schwedenkönig Gustav Adolf II. nimmt infolge des von Schweden siegreich beendeten Krieges gegen Polen und Russen Riga ein. Unter schwedischer Herrschaft verzeichnet die Stadt eine wirtschaftliche Blütezeit, es entstehen neue Manufakturen, die vor allem Tuch für Schiffssegel und Waffen produzieren. Und es werden neue Schulen gegründet, die auch für Letten zugänglich sind.

1710

Riga ergibt sich nach längerer Belagerung im Großen Nordischen Krieg (1700–1721) den russischen Truppen. Das Zarenreich dominiert für die nächsten 200 Jahre ganz Lettland und die nunmehr russische Hafenstadt Riga. Eine Pestepidemie zeigt verheerende Wirkung. Trotz russischer Vorherrschaft bleibt die Stadt deutsch geprägt, mit deutscher Ratsverfassung und Amtssprache.

1818

Aufhebung der Leibeigenschaft. Trotz Repressionen vonseiten des russischen Imperiums erwacht ein lettisches Nationalbewusstsein.

1866

Abschaffung des Zunftzwangs für die Rigaer Handwerker.

1873

Das erste gesamtlettische Sängerfest findet in Riga statt.

1918

Lettland proklamiert nach dem Sturz des Zaren und der Oktoberrevolution seine Unabhängigkeit. Viele deutschbaltische Großgrundbesitzer verlassen das Land.

1939

Lettland wird im geheimen Zusatzprotokoll zum Hitler-Stalin-Pakt der Sowjetunion zugesprochen. Erneut beginnt eine über 50 Jahre dauernde russische Okkupation, mit Unterbrechung während der Naziherrschaft im Zweiten Weltkrieg, der 1941 bis 1945 nahezu die gesamte jüdische Bevölkerung Lettlands zum Opfer fällt. Verschärfte Sowjetisierung, Zehntausende Letten werden nach Sibirien verschleppt, ihr Anteil an der Gesamtbevölkerung sinkt auf 51 %.

1990

Infolge der Auflösung der Sowjetunion beschließt das Parlament im Mai die Wiederherstellung der Republik Lettland. Der Abzug der sowjetischen Truppen vollzieht sich nicht unblutig. Auf dem Schloss wird 1991 die lettische Fahne gehisst.

2004

Lettland wird Mitglied der Nato und der Europäischen Union.

2010

Die Regierung kämpft mit einem eisernen Sparkurs erfolgreich gegen Rezession und die Finanzkrise.

2011

Lettlands Ministerpräsident Valdis Dombrovskis wird nach vorgezogenen Neuwahlen wiedergewählt. Er verspricht die Beibehaltung der harten Sparpolitik und den verschärften Kampf gegen die Korruption vonseiten der lettischen Oligarchen.

2014

Riga stellt gemeinsam mit dem schwedischen Umeå die Europäische Kulturhauptstadt.

Sprachführer Lettisch

Wichtige Wörter und Ausdrücke

Ja – jā

Nein – nē

Bitte – lūdzu

Danke – paldies

Keine Ursache – Nau par ko

Das ist nett, danke – Tas ir patīkami, paldies.

Wie bitte? – Ko lūdzu?

Das tut mir leid. – Man ļoti žel.

Hilfe – palīdzība

Ich möchte … – Es gribētu …

Wie viel? – Cik?

Woher kommen Sie? – No kurienes jūs atbraucāt?

Wann treffen wir uns? – Kad mēs varam satikties?

Was heißt auf Lettisch …? – Kā ir latvieski …?

Wie lange bleiben Sie? – Cik ilgi jūs paliksiet?

Gute Reise! – Laimīgu ceļu!

Alles Gute! – Visu labu!

Ich verstehe nicht – Es nesaprotu

Entschuldigung – atvainojiet

Guten Morgen – labrīt

Guten Tag – labdien

Ich heiße … – Mani cauc …

Ich komme aus … – Es atbraucu no …

Wie geht's? – Kā lab iet?

Danke, gut – Paldies, labi

Wie viel? – Cik daudz?

Wo ist …? – Kur ir …?

Wann? – Kad?

Sprechen Sie Deutsch? – Runājet vāciski?

Auf Wiedersehen – Uz redzēšanos!

Hallo! – Hallo!

Bis bald – Uz drīzu tikšanos

Bis morgen – Līdz rītam

Gestern – vakar

Heute – šodien

In einer Woche – vienā nedēļā

Zahlen

eins – viens

zwei – divi

drei – trīs

vier – četri

fünf – pieci

sechs – seši

sieben – septiņi

acht – astoni

neun – devini

zehn – desmit

hundert – simts

tausend – tūkstoš

Wochentage

Montag – pirmdiena

Dienstag – otrdiena

Mittwoch – trešdiena

Donnerstag – ceturdiena

Freitag – piekdiena

Samstag – sesdiena

Sonntag – svētdiena

Unterwegs

Ist das der Weg/die Straße nach …? – Vai šis ceļš/šī iela ved uz …?

– zum Hafen – uz ostu

– zum Bahnhof – uz dzelzsceļa staciju

– zur Bank – uz banku

Wie weit ist es nach …? – Cik tālu ir līdz …?

Wo ist die nächste Tankstelle? – Kur ir tuvākais benzīna tanks?

Wo ist der nächste Internetpunkt? – Kur ir nākošais interneta pieejas punkts?

Wo gibt es hier ein Restaurant? – Kur ir tuvākais restorāns?

Sind wir hier falsch? – Esam šeit pareizi?

Können Sie mir die Strecke auf der Karte zeigen? – Parādiet man lūdzu ceļu zu kartes?

Super – superbenzīns
Bleifrei – bezsvina benzīns
Diesel – dīzelis
Eine Fahrkarte nach … bitte. –
Lūdzu, vienu biļeti uz …
Wo finde ich einen Arzt? –
Kur ir šeit ārsta prakse?
Können Sie mir helfen? –
Vai jūs varat man palīdzēt?
Ich möchte ein Auto mieten. –
Es gribētu automašīnu nomāt.
links – pa kreisi
rechts – pa labi
geradeaus – taisni

Übernachten

Haben Sie ein Zimmer frei? –
Vai jums ir brīvs numurs?
Können Sie mir ein gutes Hotel
empfehlen? – Vai varat ieteikt
kādu labu viesnīcu?
Ich suche ein Zimmer für …
Personen. – Es meklēju numuru
priekš … personām.
Für eine Nacht – priekš vienu nakti
Für zwei Nächte – priekš divām
naktim
Für eine Woche – priekš vienu
nedeļu
Ich habe ein Zimmer reserviert. –
Es pasūtīju numuru.
Was kostet das Zimmer? –
Cik maksā numurs?
Mit Frühstück – ar brokstīm
Mit Halbpension – ar puspansiju
Kann ich das Zimmer sehen? –
Vai es varu redzēt to numuru?
Zum Frühstück nehme ich … –
Brokastis es ēdu …
Ich reise morgen ab. – Es aizceļoju
no rīta.

Restaurant

Die Speisekarte bitte – ēdienukarti,
lūdzu
Die Rechnung bitte – Reķinu, lūdzu

Wo gibt es ein gutes Restaurant? –
Kur ir labs restorāns?
Reservieren Sie uns bitte einen
Tisch! – Rezervējet mums lūdzu
galdu!
Ist dieser Tisch noch frei? –
Ir šis galdis vēl brīvs?
Haben Sie vegetarische Gerichte? –
Vai jums ir veģetārie ēdieni?
Bezahlen bitte! – Rēķinu, lūdzu!
Es stimmt so. – Paturiet atlikumu.
Das Essen war ausgezeichnet. –
Ēdiens bija lielisks.
Ich hätte gern einen Kaffee. –
Es gribētu vienu kafiju.
Wo finde ich die Toiletten? –
Kur ir, lūdzu, atēja?
Kann ich mit Kreditkarte zahlen? –
Varu es maksāt ar kreditkarti?
Frühstück – brokastis
Mittagessen – pusdienas
Abendessen – vakariņas

Einkaufen

Wo finde ich …? – Kur atrodas …?
Haben Sie …? – Vai jums ir …?
Wie viel kostet das? – Cik tas
maksā?
Das ist zu teuer! – Tas ir par dā rgu!
Das gefällt mir. – Tas mani apmie-
rina.
Das gefällt mir nicht. – Tas man
neder.
Bäckerei – maizes veikals
Kaufhaus – universālveikals
Supermarkt – pārtikas lielveikals
Getränkeladen – dzērienu veikals
Haushaltswaren – saimniecības
preces
Lebensmittelgeschäft – pārtikas
veikals
Markt – tirgus
Wann öffnen die Geschäfte? –
Kad atver veikalus?
Wann schließen die Geschäfte? –
Kad slēdz veikalus?

Kulinarisches Lexikon

A
abolis – Apfel
ābolu biezenis – Apfelmus
aknas – Leber
aita – Lamm
alus – Bier
alus zupa – Biersuppe
appelsīnu sula – Apfelsinensaft
augli – Obst
augļu zupa – Obstsuppe
aukstā zupa – Rote-Bete-Suppe

B
baltvīns – Weißwein
banānu – Banane
biezpiens – Quark
biešu salāti – Rote-Bete-Salat
biezpiens – Frischkäse
biezpienmaizīte – Käsekuchen
bifsteks – Beefsteaks
boršču – Borschtsch
brokatis – Frühstück
buljons – Brühe
bumbieris – Birne

C
cālis – Hähnchen
cepetis – Braten
cepta – gebraten
cepti kartupeļi – Bratkartoffeln
cepta aitas gaļa – Hammelbraten
ceptas olas – Spiegeleier
cepums – Gebäck
cītrons – Zitronen
cūkas gaļa – Schweinefleisch
cukurs – Zucker

D
dārzeņi – Gemüse
dārzeņu zupa – Gemüsesuppe
dzērieni – Getränke
degvīns – Wodka
deserts – Nachspeise
desiņa – Würstchen

F
filēja – Filet

G
gaļa ēdiens – Fleischgerichte
gaļa – Fleisch
galvenais ēdiens – Hauptgericht
grilēts gailis – Grillhähnchen
gurķi – Gurken

I
ikri – Kaviar

K
Kanēļmaizītes – Zimtbrötchen
kūka – Kuchen
kafija – Kaffee
kāposti – Kohl
kartupeļi – Kartoffeln
kartupeļu biezputra – Kartoffelbrei
kartupeļu pankūkas – Kartoffel-
    puffer
ķiploks – Knoblauch
ķirši – Kirschen
kompots – Kompott
konjaks – Kognak
kotlete – Frikadelle, Bulette
krējums – saure Sahne
kūka – Kuchen, Torte

L
lasis – Lachs
lazdu riekstu pudiņš – Nusspudding
līdaka – Hecht
lielopu gaļa – Rindfleisch
liķeris – Likör
limonāde – Limonade

M
maizītes – Brötchen
maize – Brot
maizes zupa – Brotsuppe
marmelāde – Marmelade
medus – Honig

Kulinarisches Lexikon   103

medījums – Wild
mellenes – Blaubeere
menca – Dorsch
minerālūdens – Mineralwasser
morss – Preiselbeergetränk

N
nēģīs – Neunauge
nūdeles – Nudeln

O
ola – Ei
olu kultenis – Rühreier
omlete – Omelett
oranžs – Apfelsine

P
pīle – Ente
pīrāgs – Piroggen
pankūka – Hefepfannkuchen
piena zupa – Milchsuppe
piens – Milch
pipari – Pfeffer
pupas – Bohne
pusdienas – Mittagessen
putra – Grütze

R
rieksti – Nüsse
rīsu krēms – Reis-Sahne-Dessert
rīgas melnais balzams – Rigaer
  Kräuterbalsam
rolmopši – Rollmops
rūgušpiens – Dickmilch

S
sakņi – Gemüse
saldais ēdiens – Nachtisch
saldējums – Eiscreme
salāti – Salat
sāls – Salz
šampanietis – Sekt
sālīti gurķi – Salzgurken
sālītas siļķe – Matjeshering
sarkanvīns – Rotwein
šašliks – Fleischspieße

sēnes – Pilze
siers – Käse
siļķe ar sīpoliem – Brathering mit
  Zwiebeln
šinķis – Schinken
sinepes – Senf
skābā putra – kalte herzhafte Sauer-
  milchsuppe
sklandu rauši – Kartoffel-Kartotten-
  Küchlein
sīpols – Zwiebel
sk-abe-nu zupa – Sauerampfersuppe
skābi kāposti – Sauerkraut
šnicele – Schnitzel
sula – Saft
sviests – Butter

T
tēja – Tee
teļā gaļā – Kalbfleisch
tumšais alus – dunkles Bier

U
uzkožamie – Vorspeise/n

V
vakariņas – Abendessen
vāriti kartupeli – Salzkartoffeln
vēršacis – Spiegelei
vimba – Schleie
vīnogas – Weintrauben
vīns – Wein
vista – Huhn

Z
žavēts zutis – Räucheraal
zāvēta – geräuchert
zemenes – Erdbeeren
zirņu zupa – Erbsensuppe
zivis – Fisch
zivju pudiņš – Auflauf mit verschiedenen Fischsorten
zivju asortiments – Fischplatte
zivju zupa – Fischsuppe
zupa – Suppe
zutis – Aal

Reisepraktisches von A–Z

ANREISE

MIT DEM AUTO

Die wichtigste Verbindungsstraße nach Riga ist die Via Baltica, die Europastraße 67. Die Fernverkehrsroute führt über Tschechien, Polen und Litauen nach Lettland. Über den Straßenzustand informiert www.balticroads.net. Zum Teil ist die Via Baltica autobahnähnlich ausgebaut, allerdings sollte man gerade in Lettland mit vielen Baustellen rechnen.

Aus Norddeutschland kommend passiert man am besten die Grenze nach Polen in Frankfurt an der Oder. Richtung Warschau ist die Straße in der Folge besser ausgebaut. Ab Warschau nimmt man die Schnellstraße 18 in Richtung Białystok. Zwischen Polen und Litauen überquert man den Grenzübergang in Budzisko auf der polnischen Seite, auf litauischer Seite erreicht man Kalvarija an der Via Baltica, über die fast der gesamte Lkw-Verkehr abgewickelt wird.

Ein alternativer Übergang liegt etwas östlich in Ogrodniki auf der polnischen Seite, auf litauischem Territorium folgt Lazdijai, ein kleines Städtchen. Dieses ist für den schweren Lkw-Verkehr gesperrt und deshalb meist ohne längere Wartezeiten zu passieren. In Litauen ist die E 67, die Strecke nach Riga über Kaunas und Panevėžys, gut ausgeschildert.

Es wird der EU-Führerschein benötigt, auch der Fahrzeugschein und ein Personalausweis oder Reisepass sind Pflicht. Zwar ist heute die Mitnahme der grünen Versicherungskarte nicht mehr vorgeschrieben, aber zu empfehlen. Auch tagsüber muss in Litauen und Lettland mit Abblendlicht gefahren werden.

MIT DER BAHN

Es ist nicht sehr komfortabel, mit der Bahn nach Riga zu reisen, da die Fahrt durch häufiges Umsteigen bis zu 30 Std. dauern kann. Wählt man die Strecke über das weißrussische Minsk oder die russische Exklave Kaliningrad, so sind Transitvisa nötig, die kostspielig sein können (an die 30 €). Die Züge zwischen Vilnius und Riga verkehren nicht immer regelmäßig, das Busnetz zwischen den Städten ist allerdings gut ausgebaut.

MIT DEM BUS

Im internationalen Linienverkehr fahren mehrmals täglich Busse von deutschen Großstädten ins Baltikum. Vom Berliner Busbahnhof am Funkturm dauert eine Fahrt nach Riga ohne Umsteigen knapp 20 Std. und kostet um die 60 €.

Eurolines in Zusammenarbeit mit der Deutschen Touring GmbH bietet viele Sonderangebote von deutschen Städten nach Riga: www.eurolines.com, www.deutsche-touring.com.

Von Wien und Zürich aus kann über den Betreiber Ecolines gebucht werden: www.ecolines.net.

MIT DER FÄHRE

Eine Anreise mit der Fähre wird immer beliebter, deshalb ist frühes Buchen besonders in den Sommermonaten ratsam. Das gilt auch für die Mitnahme von Auto oder Wohnmobil. Aktuelle Informationen erhält man auf www.baltikum24.de.

Von Lübeck-Travemünde aus verkehrt Di, Mi, Fr und Sa eine Fähre nach Ventspils, organisiert von dem skandinavischen Unternehmen Scandlines: www.scandlines.de.

Direkt nach Riga fährt die lettische Ave Line, allerdings ist der Fahrplan manchmal aus Witterungsgründen unterbrochen: www.aveline.lv.

MIT DEM FLUGZEUG

Air Baltic, die Fluggesellschaft mit Sitz in Riga, hat die Nase vorn. Sie wurde mehrfach für ihren guten Service, ihr umfangreiches Streckenangebot und ihre günstigen Preise ausgezeichnet, zuletzt mit dem begehrten Gold Award der European Regions Airline Association.

Air Baltic will den Flughafen Riga zu einem internationalen Drehkreuz ausbauen. Sie fliegt mehrmals täglich von Berlin nach Riga, täglich von Frankfurt am Main, München, Wien, mehrmals wöchentlich von Hamburg, Düsseldorf und Zürich. Bei einer frühzeitigen Buchung locken günstige Angebote, auch bei der Lufthansa, die von Frankfurt aus Riga täglich anfliegt. Billigflieger wie Ryanair oder easyjet haben von Zeit zu Zeit auch Riga in ihrem Flugplan. Der internationale Flughafen Rigas heißt **Lidosta Riga Airport** und liegt etwa 14 km vom Zentrum entfernt am westlichen Ufer der Daugava. Halbstündlich fährt der Bus 22 in die Innenstadt, die Busstation ist nicht zu übersehen, gegenüber dem Terminal hinter dem großen Parkplatz. Das Busticket kostet 0,70 Ls und kann direkt beim Fahrer erworben werden, die Fahrt bis zur Altstadt dauert ca. 30 Min. Für größere Gepäckstücke müssen pro Objekt 0,80 Ls gezahlt werden. Mit dem Taxi geht es etwas schneller, es sind aber an die 10 Ls zu veranschlagen, der Preis sollte vor Fahrtantritt verhandelt werden.

Auf www.atmosfair.de und www.myclimate.org kann jeder Reisende durch eine Spende für Klimaschutzprojekte für die CO_2-Emission seines Fluges aufkommen.

AUSKUNFT

IN DEUTSCHLAND, ÖSTERREICH UND DER SCHWEIZ
Baltikum Tourismus Zentrale
Zurzeit wird die Tourismus Zentrale umstrukturiert.
www.baltikuminfo.de

IN RIGA
Live Riga Tourist Information Centres
– Altstadt • Rātslaukums 6 • Tel. 67 03 79 00 • www.rigatourism.com
▶ S. 118, B 14
– Altstadt • Kaļķu 16 • Tel. 67 22 74 44
▶ S. 118, C 14
– Moskauer Vorstadt • im Busbahnhof • Prāgas 1 • Tel. 67 22 05 55
▶ S. 118, C 15
– Zentrum • im Hauptbahnhof • Stacijas laukums 2 • Tel. 67 23 38 15
▶ S. 119, E 14

BUCHTIPPS

Dace Rukšāne: Warum hast Du geweint (Ammann 2007) Liebesroman aus dem heutigen Lettland vom Enfant terrible der lettischen Literaturszene, der 1969 in Riga geborenen Autorin und Journalistin Rukšāne.
Ralph Tuchtenhagen: Geschichte der baltischen Länder (C.H. Beck 2005) Von den Anfängen und den Kreuzzügen bis zur Singenden Revolution. Ein guter Überblick über die Geschichte Lettlands und seiner baltischen Nachbarn.

DIPLOMATISCHE VERTRETUNGEN

Deutsche Botschaft ▶ S. 119, D 13
Zentrum • 1050 Riga • Raiņa bulv. 13 • Tel. 67 08 51 00 • www.riga.diplo.de

Österreichische Botschaft

▶ S. 114, B 7

Zentrum • Elizabetes 15/4 • Tel.
67 21 25 • www.riga-ob@bmaa.gv.at

Schweizerische Botschaft

▶ S. 114, B 7

Zentrum • Elizabetes 2 • 1340 Riga •
Tel. 67 33 83 52/53 • www.eda.admin.
ch/riga

FEIERTAGE

1. Jan. Jaungada diena (Neujahr)
Karfreitag Lielā piektdiena
Ostersonntag/-montag Lieldienās/
Otrās Lieldienas
1. Mai Darba svēki (Tag der Arbeit)
4. Mai Neatkarības deklarācijas
pasludināšanas diena (Tag der
Unabhängigkeitserklärung)
23./24. Juni Līgo diena/Jāņu diena
(Mittsommerfest und Johannisfest)
18. Nov. Latvijas Republikas prokla-
mēšanas diena (Nationalfeiertag)
25./26. Dez. Ziemassvētki
(Weihnachten)
31. Dez. Vecgada diena (Silvester)

GELD

1 Ls	1,41 €/1,71 SFr
1 €	0,71 Ls
1 SFr	0,58 Ls

Lettland ist zwar seit 2004 Mitglied
der Europäischen Union, die Ein-
führung des Euro wurde allerdings
– auch infolge der Finanzkrise – immer wieder verschoben. Allgemein
wird damit gerechnet, dass der Euro
nicht vor dem Jahr 2014 zum gesetz-
lichen Zahlungsmittel wird. Bis da-
hin wird mit lettischen Lats gezahlt.
1 Ls sind 100 Santīms, Noten gibt
es zu 5, 10, 20, 50, 100, 500 Ls.
Geld kann man in Banken (Öff-

nungszeiten Mo–Fr 8.30–12.30 Uhr)
wechseln. In der Altstadt und im
Zentrum findet man zudem viele
Wechselstuben, man sollte jedoch
die Kurse und vor allen Dingen die
anfälligen Wechselgebühren genau
vergleichen. Vermehrt gibt es auch
Bankautomaten, bei denen man mit
Kreditkarte oder EC/Maestro-Karte
und Geheimnummer Bargeld besor-
gen kann. Kreditkarten werden wie
in Westeuropa überall akzeptiert.

INTERNET

Praktikabel ist der Internetzugang
in den vielen Internetcafés in der
Altstadt und im Zentrum – meist gut
ausgeschildert und häufig auch in
Hinterhöfen. In Hotels ist ein Internetzugang selbstverständlich.
www.liveriga.com
Neue, sehr informative Website des
Rigaer Büros für Tourismus. Informationen aus erster Hand über das
touristische Angebot der Stadt und
über Sehenswürdigkeiten. Hervorragender Veranstaltungskalender und
originell aufgemacht. Bei den Res-
taurant- und Einkaufsempfehlungen
sollte man jedoch etwas zurückhaltend sein und recherchieren, ob die
Angaben noch aktuell sind.
www.baltikuminfo.de
Ausführliche Informationen der baltischen Tourismuszentrale in Berlin
(auch zu Estland und Litauen).
www.vecriga.info
Virtuelle Tour durch die Rigaer Altstadt auf Englisch und Russisch.
www.li.lv
Das Lettische Institut in Riga hat eine sehr informative Website zur lettischen Geschichte und Kultur, zur
lettischen Küche, zu Landwirtschaft
und Industrie im Land zusammengestellt. Auch in deutscher Sprache.

www.literatur.lv

Hier hat Matthias Knoll eine kleine Reihe empfehlenswerter Dichtung aus Lettland zusammengetragen, ergänzt um einen Ausblick auf zukünftige Neuerscheinungen.

www.tava.gov.lv

Ein hervorragender Wegweiser zum aktuellen Kulturprogramm in Riga, betreut vom lettischen Ministerium für Tourismus.

IMPFUNGEN

Lettland gilt als Land mit großem Zeckenvorkommen, deshalb ist eine Impfung gegen Meningoenzephalitis ratsam (www.zecke.de).

KLEIDUNG

Im meist recht kurzen Sommer kann es nachts ziemlich kühl sein, warme Jacken sollten zu jeder Jahreszeit im Gepäck nicht fehlen. Und auch ein Regenschirm nicht, das Wetter in Riga ist oft sehr unbeständig. In Riga geht man meistens viel zu Fuß, in der Altstadt zumeist über Kopfsteinpflaster. Darauf sollte bei der Auswahl des Schuhwerks Rücksicht genommen werden.

MEDIZINISCHE VERSORGUNG
KRANKENVERSICHERUNG

Die Vorlage einer Europäischen Krankenversicherungskarte (EHIC) beim Arztbesuch wird nicht immer akzeptiert, häufig muss man die Konsultation also bar bezahlen. Die Kosten sind aber geringer als im westlichen Ausland und werden in der Regel zu Hause im Nachhinein erstattet. Als zusätzlicher Versicherungsschutz empfiehlt sich der Abschluss einer Auslandskrankenversicherung, da diese Krankenrücktransporte mitversichert.

NEBENKOSTEN

1 Tasse Kaffee	1,50 €
1 Bier	1,50 €
1 Cola	1,20 €
1 Brot (ca. 500 g)	0,80 €
1 Schachtel Zigaretten	1,80 €
1 Liter Benzin	1,15 €
Öffentl. Verkehrsmittel (Einzelfahrt)	0,55 €
Mietwagen/Tag	ab 45 €

KRANKENHAUS
ARS Clinic ▸ S. 115, D 8

Man spricht Englisch, teils auch Deutsch, in dringenden Fällen werden Hausbesuche vorgenommen. Zentrum • Skolas 5 • Tel. 67 20 10 07/03

APOTHEKEN

Die meisten Apotheken (»Aptieka«) sind täglich von 9–18 Uhr geöffnet. Viele Apotheken haben sich auf homöopathische Mittel spezialisiert, deren Ingredienzien teilweise in Lettland angebaut werden, die preiswerter sind als im westlichen Europa.

Ģimenes aptieka ▸ S. 115, östl. F 8
Zentrum • Tallinas 57 b • Tel. 67 31 42 11 • tgl. 24 Std. geöffnet

NOTRUF

Notruf allgemein 112
Feuerwehr 01
Polizei 02
Notarzt 03

POST

Eine Postkarte ins europäische Ausland kostet 0,45 Ls, ein Brief 0,50 Ls. Briefmarken kann man in den Hotels, an Kiosken und im zentralen Postamt erwerben. Die lettischen Briefkästen sind gelb.

REISEDOKUMENTE

Deutsche, Österreicher und Schweizer können mit einem gültigen Reisepass oder Personalausweis (Identitätskarte) einreisen. Kinder unter 16 Jahren müssen im Pass eines Elternteils eingetragen sein oder benötigen einen Kinderausweis.

REISEKNIGGE

Die Letten sind eher zurückhaltend, dafür aber ausgesprochen hilfsbereit. Bei der Begrüßung besonders unter jungen Leuten wird allerdings heute auch auf die Wangen geküsst. Ein Handschlag ist bei der Begrüßung durchaus üblich.

Im sehr gastfreundlichen Lettland wird bei allen möglichen Gelegenheiten ein Blumenstrauß überreicht. Bei Einladungen in private Kreise ist er ein absolutes Muss.

Für Dienstleistungen und im Restaurant ist ein Trinkgeld von ungefähr 10 % des Preises üblich.

Das Rauchen ist seit 2006 in Lettland in allen öffentlichen Gebäuden verboten. Das gilt auch für Haltestellen, auf Märkten und bei Volksfesten. Am Strand sind Zigaretten nur in gekennzeichneten Zonen erlaubt. In Restaurants, Cafés, Hotels kann man nur in abgetrennten Räumen rauchen.

REISEWETTER

Auch wenn es nach der Regel um das Johannisfest im Juni immer etwas regnen muss, gilt der Juni vielen als die schönste Jahreszeit, um Riga zu durchstreifen. Das Wetter zeigt sich hier aber wie in allen nördlichen Ländern recht unberechenbar. Der Sommer ist ziemlich kurz, und im September beginnt es bereits etwas zu »herbsteln« – mit viel Wind und häufigen Regengüssen. Riga hat sich auf Touristen im Winter eingestellt. Im Januar liegt der Mittelwert um −2,5 °C, die Kälte ist meist trocken. Allerdings wird es von November bis März morgens recht spät hell und nachmittags schon früh dunkel.

RIGA-CARD

Eine empfehlenswerte Karte, denn sie bietet freie Benutzung der öffentlichen Transportmittel und vor allem ermäßigten Eintritt in fast alle Museen, außerdem berechtigt sie zur Teilnahme an einer Führung durch die Altstadt. Sie ist erhältlich bei den zentralen Tourismusinformationen, etwa im Schwarzhäupterhaus, und kostet 12 Ls für 24 Std. (Kinder 5 Ls), 14 Ls für 48 Std. (Kinder 7 Ls), 18 Ls für 72 Std. (Kinder 9 Ls).

Tel. 67 21 72 17 • www.rigacard.lv

Mittelwerte	JAN	FEB	MÄR	APR	MAI	JUN	JUL	AUG	SEP	OKT	NOV	DEZ
Tagestemperatur	-2	-2	2	9	16	19	22	21	16	10	4	0
Nachttemperatur	-8	-8	-5	0	5	9	12	11	8	3	-1	-5
Sonnenstunden	1	2	5	7	9	9	9	8	5	3	1	1
Regentage pro Monat	19	15	12	13	12	13	14	15	16	16	17	18
Wassertemperatur	1	0	1	2	7	12	16	17	14	10	7	4

STADTRUNDFAHRTEN

Eine gute Möglichkeit, sich über Stadtführungen zu informieren, bietet das **Live Riga Tourist Information Centre** im Schwarzhäupterhaus. Daneben haben sich einige Agenturen gebildet, die auf verschiedene Art die Stadt zeigen und auch auf individuelle Wünsche eingehen:

Ambertour

Sehr erfahrene Agentur, der Preis richtet sich nach der Teilnehmerzahl. Tel. 67 27 19 15 • www.sightseeing.lv • ca. 10 Ls pro Person

Hop-on-Hop-off-Bustouren

Am Rathausplatz starten die Busse von Citytour alle zwei Stunden (10–16 Uhr). Der Ticketpreis richtet sich nach der Anzahl der angefahrenen Stationen (Dauer ca. 90 Min.). Tel. 26 65 54 05 • www.cit.lv • ab ca. 7 Ls pro Person

TELEFON
VORWAHLEN

D, A, CH ▸ Riga 00 371
Lettland ▸ D 00 49
Lettland ▸ A 00 43
Lettland ▸ CH 00 41

Die internationale Telefonvorwahl für Lettland ist 00 371. Riga selbst hat keine eigene Vorwahl. Auf die Landesvorwahl folgt direkt die Telefonnummer des Teilnehmers.
Die Handydichte ist in Riga sehr groß, zu erkennen sind die Handynummern an einer vorangestellten 2. Prepaid-Karten bekommt man an den Kiosken von den Anbietern amigo (www.amigo.lv) und OKarte (www.okarte.lv). Wenn man viel telefonieren muss, empfiehlt sich der Kauf einer lettischen Handykarte.

TIERE

Hunde und Katzen benötigen zur Einreise einen EU-Heimtierausweis (stellt der Tierarzt aus) mit Nachweis einer Tollwutimpfung. Das Tier muss durch einen Mikrochip identifizierbar sein.

VERKEHR
AUTO

Die Altstadt ist für den Autoverkehr gesperrt (mit einigen Ausnahmen). Das Zentrum ist meist verstopft, besonders in den Stoßzeiten. Parkraum ist in Riga knapp und teuer. So bietet sich als vernünftige Alternative: Man geht zu Fuß! Und man sieht auch viel mehr. Die Sehenswürdigkeiten in Altstadt und Zentrum liegen meist nicht weit voneinander entfernt.

FAHRRAD

Erst allmählich beginnt sich Riga auf Fahrradfahrer einzustellen. In der holprigen Altstadt gibt es fast keine Fahrradwege, und im Zentrum ist wegen der schlechten Luft das Fahrradfahren auch nicht unbedingt zu empfehlen. Ein paar Fahrradverleiher haben sich neuerdings niedergelassen. Besonders zu empfehlen ist der Verleih Gandrs in Pardaugava.

Gandrs

Pardaugava • Kalnciema 28 • Tel. 67 61 90 43 • www.gandrs.lv

Bicycle Rental

Altstadt • Jāna Sēta 7 • Tel. 67 22 15 46 • www.rigabicycle.com

Air Baltic hat das Fahrradverleihprogramm »Baltic Bike« gestartet. Die grünen Räder können an etwa zehn Stationen abgeholt werden, Reservierung unter Tel. 67 78 83 33.

LEIHWAGEN

Mietwagen gibt es bei allen internationalen und nationalen Autovermietern in der Stadt und am Flughafen.

ÖFFENTLICHE VERKEHRSMITTEL

Man hat in Riga die Wahl zwischen Straßenbahnen, Trolleybussen und normalen Bussen. Ohne Umsteigen kostet eine Fahrt 0,70 Ls, das Ticket ist direkt beim Fahrer zu erwerben. Günstiger ist der Kauf eines sogenannten e-talons für mehrere Fahrten (ein elektronisches Ticket). Man bekommt es an Kiosken und Automaten, es wird dann an einem elektronischen Lesegerät im Verkehrsmittel entwertet. Besonders zu Stoßzeiten sind die Busse und Trambahnen meist ziemlich voll, sodass ein Fußmarsch oftmals die bessere Alternative darstellt.

ÜBERLANDBUSSE

Am internationalen Busterminal fahren von morgens früh bis abends spät bequeme Busse in benachbarte Städte und angrenzende Provinzen. Das Ticket kann man im Busbahnhof oder im Bus selbst erwerben, der Fahrpreis ist noch vergleichsweise günstig. Der Fahrplan ist an den jeweiligen Bushaltestellen einsehbar und hängt auch im Terminalgebäude auf großen Schildern aus. Bei einer Fahrt mit dem Überlandbus, der regelmäßiger verkehrt als die Züge, kann man Land und Leute auf sympathische Weise kennenlernen. Manche Strecken sind allerdings – besonders an Wochenenden – recht schnell ausgebucht.

Busterminal (Autoosta)

Moskauer Vorstadt • Prāgas 1 •
Tel. 90 00 00 09 • www.autoosta.lv

TAXI

Die roten Taxis sind etwas preiswerter als in Westeuropa. Allerdings sollte man darauf achten, dass der Tachometer eingestellt ist. Vernünftig ist es natürlich, vor Fahrtantritt den Preis zu vereinbaren.

Baltic Taxi

Tel. 20 00 85 00 • www.baltictaxi.lv

Smile Taxi

Tel. 22 33 03 30, 67 26 25 25 •
www.taksometrs.lv

ZEITUNGEN

Internationale Zeitungen sind in Buchhandlungen und auch an einigen Kiosken im Zentrum erhältlich. Wöchentlich erscheint die englischsprachige »The Baltic Times«.

ZEIT

In Riga gilt die osteuropäische Zeit (MEZ + 1 Std.).

ZOLL

Reisende aus Deutschland und Österreich dürfen Waren abgabenfrei mit nach Hause nehmen, wenn diese für den privaten Gebrauch bestimmt sind. Gewisse Richtmengen sollten jedoch nicht überschritten werden (z. B. 800 Zigaretten, 90 l Wein, 10 kg Kaffee). Weitere Auskünfte unter www.zoll.de und www.bmf.gv.at/zoll. Reisende aus der Schweiz dürfen Waren im Wert von 300 SFr abgabenfrei mit nach Hause nehmen, wenn diese für den privaten Gebrauch bestimmt sind. Tabakwaren und Alkohol fallen nicht unter diese Wertgrenze und bleiben in bestimmten Mengen abgabenfrei (z. B. 200 Zigaretten, 2 l Wein). Weitere Auskünfte unter www.zoll.ch.

Kartenatlas
Maßstab 1:17 500

Legende

Touren und Ausflüge

- Rigas Altstadt (S. 80) Start: S.119, D15
- Metropole des Jugendstils (S. 82) Start: S.114, C8
- Moskauer Vorstadt (S. 84) Start: S.119, D15
- Insel Ķīpsala (S. 86) Start: S.117, E9/10

Sehenswürdigkeiten

- MERIAN-TopTen
- MERIAN-Tipp
- Sehenswürdigkeit, öffentl. Gebäude

Sehenswürdigkeiten ff.

- Sehenswürdigkeit Kultur
- Sehenswürdigkeit Natur
- Kirche; Kloster
- Kirchenruine
- Burg
- Burgruine
- Moschee
- Museum
- Markt
- Information

Verkehr

- Autobahn
- ABähnliche Str.
- Fernverkehrsstraße
- Hauptstraße
- Nebenstraße
- Flughafen
- Flugplatz

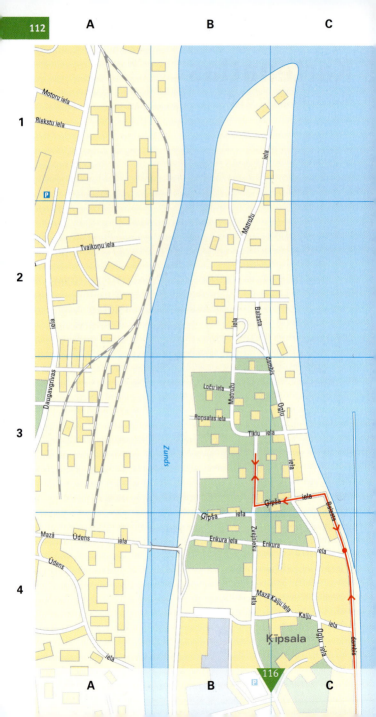

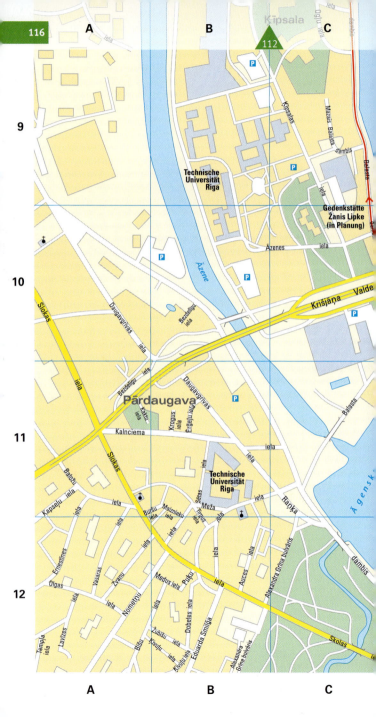

Kartenregister

11. Novembra krast-
mala 117, F10-F11,
118, A13-B15
13. Janvāra iela 118,
C15, 119, D15

A-B Dambis 117, E11
Abrenes iela 119, F16
Akadāmijas lauk.
119, E15
Akas iela 115, E8-F8
Aklā iela 117, F10, 118,
A14
Akmens tilts 117, F11-
F12, 118, A15
Alberta iela 114, C7
Alberta laukums 118,
C15
Aldaru iela 118, B13
Aleksandra Čaka iela
119, F13
Alexandra Grīna bul-
vāris 116, B12-C12
Alfrēda Kalniņa iela
119, E14
Alksnāja iela 118, C15
Alūksnes iela 113, F1
Amatu iela 118, B14
Andreja pumpura iela
114, C8
Andrejostas iela 113,
E1-E2
Anglikāņu iela 117,
F10, 118, A14
Antonijas iela 114,
B8-C7, 115, D7
Aristida Briana iela
115, F6
Arsenāla iela 117, F10,
118, A13
Aspazijas bulvāris
118, C14, 119, D14
Atgriežu iela 118, B13
Auces iela 116, B12
Audēju iela 118, C14

Ausekļa iela 113, F3,
114, A6-A7
Avotu iela 119, F13-
F14
Āzenes iela 116, B10-
C10

Balasta dambis 112,
C4, 116, C9-C11, 117,
D10
Baložu iela 116, A11
Basteja bulvāris 118,
B13-C13
Baznīcas iela 115,
D8-E7
Bezdelīgu iela 116,
A11, B10
Bīskapa gāte 117, F10,
118, A14
Bišu iela 116, A12-B12
Blaumaņa iela 115,
E8, 119, E13-F13
Brīvības bulvāris 118,
C13, 119, D13
Brīvības iela 115,
D8-F7
Bruņinieku iela 115,
D7-F8
Buršu iela 116, A11-
B11

Centrāltirgus iela 118,
C15, 119, D15
Citadeles iela 114,
A8, 117, F9, 118, A13

Dagdas iela 119, F16
Daugavas gāte 118,
A13, 117, F10
Daugavgrīvas iela
112, A2-A3, 116,
A10-B11
Dobeles iela 116, B12
Doma laukums 118,
B14

Dzirnavu iela 114, B6-
C7, 115, D7-D8, 119,
E13-F14, E16-F15

Eduarda Smilğa iela
116, B12
Eksporta iela 113,
F1-F3, 114, A6-A7,
117, E9
Elizabetes iela 113,
F4, 114, A7-C8, 115,
D8, 119, D13-E13
Emiļa Melngaiļa iela
1115, D6-D7
Enkura iela 112,
B4-C4
Ērğeļu iela 116, B11
Ernesta Birznieka-
Upīša 119, E14-F14
Ernestīnes iela 116,
A11-A12

Gaiziņa iela 119,
D16-E15
Ganību dambis 114, B6
Ganu iela 114, C6-C7
Ğertrūdes iela 115,
E8-F8
Ğipša iela 112, B4-C3
Gleznotāju iela 118,
C14
Gogoļa iela 119, E15-
F16
Grēcinieku iela 118,
B14-C14
Grostonas iela 115,
E5-F5, E6

Hanzas iela 113, F3,
114, A6-C6, 115,
D6-E7
Herdera lauk. 117,
F10, 118, A14-B14

Ieriķu iela 115, westl.
F8
Inženieru iela 119, D13

Kartenregister 121

Jāņa sēta 118, C14
Jauniela 118, B14
Jēkaba iela 118, B13
Jēkaba laukums 118,
B13
Jeruzalemes iela 114,
C8, 115, D8
Jēzusbaznīcas iela
119, E16-F16
Jura Alunāna iela
114, C8

Kaiju iela 112, C4
Kaktu iela 116, A11
Kalēju iela 118, C14-
C15
Kaļķu iela 118, B14-
C14
Kalnciema iela 116,
A11-C11
Kalpaka bulvaris 114,
B7-C8, 118, C13,
119, D13
Kapseļu iela 116, A11
Katrīnas dambis
113, F1
Katrīnas iela 113, F1-
F2, 114, A5
Ķīpsalas iela 116,
C9-C10
Ķivuļu iela 116, A12-
B12
Klīveru iela 117, D12
Klostera iela 118, B13
Konventa sēta 118,
B14-C14
Krāmu iela (3) 118,
A14, B14
Krasta iela 118, C15,
119, D16
Krišjāņa Barona iela
115, F8, 119, D14-E13
Krišjāņa Valdemāra
iela 115, D8-F5, 116,
C10, 117, F9, 118,
A13-B13
Krogus iela 116, B11

Kronvalda bulvāris
113, F4, 114, A8,
118, A13
Kuģu iela 117, E11-E12
Kungu iela 118, B14-
C15

Lāčplēša iela 115,
D7-F8, 119, F13
Laipu iela 118, B14
Latviešu strēlnieku
laukums 118, B14-
B15
Lavīzes iela 116, A12
Lenču iela 114, C6-C7
Līvu laukums 118,
B14-C14
Loču iela 112, B3

M. Pils iela 117, F10,
118, A13-A14
Maiznīcas iela 115,
F6
Maiznieku iela 116,
B11
Mālpils iela 115,
F5-F6
Marijas iela 119, D14-
E14
Mārstaļu iela 118,
B15-C15
Martas iela 115, F8
Maskavas iela 118,
C15, 119, F16
Mastu iela 113, F1
Matrožu iela 112,
B1-B3
Mazā Alūksnes iela
113, F1
Mazā Kaiju iela 112,
B4-C4
Mazā Krasta iela 119,
E16
Mazā Jaunavu iela
118, B14
Mazā Monētu iela
118, B14

Mazā Muzeja iela (1)
117, F10, 118, A14
Mazā Peitavas iela
(4) 117, F10, 118,
A14, B14
Mazā Pils iela 118,
B13
Mazā Smilšu iela 118,
B13-C14
Mazā Ūdens iela
112, A4
Mazais Balasta dam-
bis 116, C9
Mednieku iela 114,
B7-C7
Medus iela 116, B12
Meistaru iela 118,
B14-C13
Merķeļa iela 119,
D13-D14
Meža iela 116, B11
Miera iela 115, F6
Miesnieku iela 117,
F10, 118, A14
Miķeļa iela 113, F4,
114, A8
Minsterejas iela 118,
B15-C15
Motoru iela 112, A1
Mucenieku iela 118,
C14
Muita iela 114, A8-
B8
Muitas iela 117, F9,
118, A13
Mūku iela 117, F10,
118, A14

Nēģu iela 119, D15
Nikolaja Rēriha iela
114, B7-C8
Nītaures iela 115,
E6-F6
Noliktavas iela 117,
F9, 118, A13-B13
Nometņu iela 116,
A12-B12

122 REGISTER

Oglu iela 112, C3-C5, 116, C9
Olgas iela 116, A12

Palasta iela (2) 118, B14
Pasta iela 118, C15
Peitavas iela 118, C15
Peldu iela 118, B15-C14
Pērses iela 119, E13-F13
Pēterbaznīcas iela 118, B14-C14
Pētersalas iela 113, F1, 114, A5-B5
Pils laukums 117, F9-F10, 118, A13
Prāgas Elijas iela 119, D15-F16
Prāgas iela 119, D15
Puķu iela 116, B11-B12
Pulkveza Brieza iala 114, B6-B7
Pūpolu iela 119, D15-D16
Puškina iela 119, D16-E15

Radio iela 119, D14-D15
Raiņa bulvāris 114, B8, 118, C13, 119, D14
Raņķa dambis 116, C11-C12
Rātslaukums 118, B14
Reimersa iela 118, C13
Rīdzenes iela 118, C14
Riekstu iela 112, A1
Riepnieku iela 119, E15-F15
Riharda Vāgnera iela 118, C14
Roņsalas iela 112, B3

Rozena iela (2) 117, F10, 118, A14, B14
Rūpniecības iela 113, F3, 114, B5-B7
Rūpnicas iela 114, nördl. B5

Sadovņikova iela 119, F16
Sakaru iela 113, F3, 114, A7
Šarlotes iela 115, F6-F7
Satekles iela 119, E14-F14
Sermuliņu iela 114, B5
Sētas iela 116, B11
Skanstes iela 115, D5
Skārņu iela 118, B14-C14
Skolas iela 115, D8-E7, 116, A10-C12
Šķūņu iela 118, B14
Smilšu iela 118, B13
Speķa iela 119, F16
Spīķeru iela 119, D15-D16
Sporta iela 115, D5-E7
Stabu iela 115, D7F8
Stacijas laukums 119, D14-E14
Staraja Rusas iela 117, D12-E12
Strēlnieku iela 114, B7-C6
Strēlnieku laukums 118, B14
Strūgu iela 119, F16

Teātra iela 118, C14
Tempļa iela 116, A12
Tērbatas iela 115, E8-F8, 119, D13-E13
Tiklu iela 112, B3
Timoteja iela 119, E15
Tirgoņu iela 118, B14

Tirgus iela 116, B11-B12
Tomsona iela 115, E6-F6
Torņa iela 117, F10, 118, A13-B13
Trijādības iela 116, C12, 117, D11
Trokšņu iela 118, B13
Turgeņeva iela 119, D16-E15
Tvaikoņu iela 112, A2

Ūdens iela 112, A4-A5
Uzvaras bulvāris 117, D12-E12

Valguma iela 117, D12-E12
Valkas iela 113, F3, 114, A6-B6
Vaļņu iela 118, C13-C15
Vanšu tilts 117, E10
Vasaras iela 116, A12
Vašingtona laukums 113, F3
Vecpilsētas iela 118, C15
Veru iela 113, F3, 114, A6
Vesetas iela 115, D7-E6, F5
Vēžu iela 113, F1
Vidus iela 113, F3, 114, A6-A7
Vīlandes iela 113, F3
Vilandes iela 114, A6-A7
Vingrotaju iela 114, B8
Visvalža iela 119, F14

Zaļā iela 115, D7
Zaubes iela 115, E6
Zirgu iela 118, B14-C14
Žubišu iela 116, B12
Zvanu iela 116, A12
Zvejnieku iela 112, B4

Entdecken Sie die ganze Welt von MERIAN *live!*

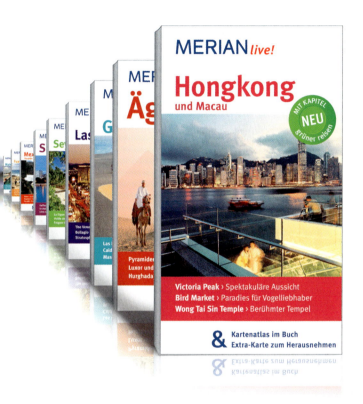

Von Ägypten bis Zypern: MERIAN *live!* bringt Ihnen mit über 150 Ausgaben die schönsten und spannendsten Reiseziele der ganzen Welt näher, die wichtigsten Sehenswürdigkeiten, topaktuelle Adressen und außergewöhnliche Empfehlungen. www.merian.de

MERIAN
Die Lust am Reisen

Orts- und Sachregister

Wird ein Begriff mehrfach aufgeführt, verweist die **fett** gedruckte Zahl auf die Hauptnennung, eine *kursive* Zahl auf ein Foto.

Abkürzungen:
Hotel [H]
Restaurant [R]

Abendgestaltung 34
Akademie der Wissenschaften [Zinātņu Akadēmija] **51**, 59, 84
Aktienbank [Unibanka] 52
Alberta iela [MERIAN-TopTen] **51**, 83, *83*
Allgemeines Lettisches Lieder- und Volkstanzfest 42, *94/95*
Altstadt 4, *10/11*, *48/49*, *50*, **80**
Alus arsenāls [R] **20**, 80
Andrejsala [MERIAN-Tipp] 52
Anreise 104
Antiquitäten 29
Aparjods [H, R, Sigulda] 90
Apotheken 107
Arsenal [Arsenāls] 71
Ausflüge 88
Auskunft 105
Australisches Haus 86
Auto **104**, 109
Avalon [H] 14

Bahn 104
Barons Denkmal 52
Bars 35
Bergs [H] 13
Bevölkerung 96
Blumenmarkt Sakta 26
Bobbahn [Sigulda] 90
Bonēra [R] 22
Botanica Cafe [R] 25
Botschaften 105

Brüderfriedhof [Brāļu kaapi] 52
Bücher 29
Buchtipps 105
Bulduri [Jūrmala] 88
Burg Turaida [Sigulda] 91
Burgruine Krimulda [Sigulda] 91
Bus 104

Cēsis 92
Charleston [R] 18
Christi-Geburt-Kathedrale [Kristus dzimšanas katedrāle] 53
Columbine [R] 18

DAD Café [R] 22
Dannensternhaus [Dannenšterna nams] 53
Daugmales Medus 26
Delikatessen 30
Denkmal Große Choralsynagoge [Pienieklis Kar Schul] 54
Desa & Co [R] 25
Deutsches Stadttheater 66
Diplomatische Vertretungen 105
Dirty Deal Café **39**, 64, 85
Diskotheken 37
Dom St. Marien [Doma baznīca] [MERIAN-TopTen] 4, 38, *48/49*, **54**, *55*, 68, 80
Dome Hotel Spa [H] 13

Drahtseilbahn [Sigulda] 90
Drei Brüder [Trīs brāļi] *2*, 55

Eckescher Konvent 80
Ecoboutique 26
Edvards [H] 15
Einkaufen 28
Einkaufszentren 31
Eisenbahnmuseum [Latvijas dzeizceja muzejs] 45
Ekovirtuve [R] 25
Emīls Gustavs Chocolate *30*, 32
Essen und Trinken 16
Ethnografisches Freilichtmuseum [Latvijas etnogrāfiskais brīvdabas muzejs] [MERIAN-TopTen] 71

Fabrikas restorāns [R] 87, *87*
Fähre 104
Fahrrad 109
Familientipps 44
Feiertage 106
Feste und Events 40
Flugzeug 105
Foody [R] 22
Freiheitsdenkmal [Brīvības piemineklis] [MERIAN-TopTen] 56

Galerien 76
Gauja 92, *93*
Gauja-Nationalpark 92, *93*
Geld 106
Geografie 96
Geschenke 31
Geschichte 98
Ginger & Fred [R, MERIAN-Tipp] *9*, 19
Grand Palace [H] 13
Große Gilde [Lielā ģilde] 38, **57**, 68, 69, 80

Orts- und Sachregister 125

Großer Christophorus [Lielais Kristaps] 56, *56*
grüner reisen 24
Gutenbergs [H] 14

Hanse 68
Heinz-Erhardt-Tour [MERIAN-Tipp] 63
Herder-Denkmal 57
Herderplatz [Herdera laukums] 57
Historisches Museum [Latvijas vēstures muzejs] 61, **72**, 81
Homo Novus [MERIAN-Tipp] *42*, 43
Hotel Multilux [H] 15
Hotels 13

Impfungen 107
Indian Raja [R] 22
Internet 106

Jakob Lenz [H] 15
Jānis Rozentāls und Rūdolfs Blaumaņis Museum 72
Jüdisches Museum [Muzejs Ebreji latvijā] 72
Jugendstil 5, 51, **82**
Jūrmala 88

Kabuki [R] 19
Kaļķu vārti [R] 19
Kamadena [R] 25
Kanalfahrt mit der »Darling« 45
Katzenhaus [Kaķu nams] 57, *58*
Kaufhäuser 31
Ķemeri-Nationalpark 27
kim? **64**, 71, 85
Kino 37
Ķīpsala 86, *87*
Kitchen [R] 64
Klangwald [Skaņu Mežs] 64
Kleidung 107

Kleine Gilde [Mazā ģilde] 38, **58**, *68*, 69, 80
Klima 108
Kokanda [R] 21
Kolonna Hotel Riga [H] 15
Konventa Sēta [H] 15
Konzerte 37
Konzertsaal [Jūrmala] 87
Krankenhaus 107
Krankenversicherung 107
Kriegsmuseum [Latvijas Kara muzejs] 60, **72**
Kūkotava [R] *16*, 23
Kulinarisches Lexikon 102
Kunstmuseum Rigaer Börse [Mākslas muzejs Rīgas Birža] [MERIAN-TopTen] *6*, **73**, 81

Lāču Miga [H, R, Līgatne] 93
Lage 96
Laima-Uhr 58
Latgale Markt 32
Leihwagen 110
Lettisches Nationales Kunstmuseum [Latvijas nacionālais mākslas muzejs] [MERIAN-TopTen] 70, **74**, 82
Lettisches Naturkundemuseum [Dabas vēstures muzejs] *44*, 45
Lettisches Puppentheater [Latvijas leļļu teātris] 46, *47*
Lido Atpūtas centrs [R] 20
Līgatne 92
LiteraTour 46
Livemusik 39

Madam Bonbon *28*, 33
Māja [R] 20
Majori [Jūrmala] 88
Märkte 32
Medizinische Versorgung 107
Medusa Oyster Bar [R] 18
Mentzendorff-Haus [Mencendorfa nams] 58
Miestiņš 26
Mittsommerfest [Ligo und Jāni] *40*, 41
Mode 32
Moskauer Vorstadt [Maskavas Forštate] 59, 84
Museum für Angewandte Kunst [Dekoratīvi lietišķās mākslas muzejs] 64, **74**, 80
Museum für Fotografie [Latvijas fotogrāvijas muzejs] 74
Museum für Medizingeschichte [Paula Stradiņa Medičīnas vēstures muzejs] *73*, 75
Museum für Naive Kunst [Naivās mākslas muzejs] 75
Museum für Rigaer Stadtgeschichte und Schifffahrt [Rīgas vēstures un kuģnicības muzejs] 69, **75**
Musik 33

Nabaklab *36*, 37
Nachtmarkt [Nakts tirgus] 85
Nationaloper [Nationālā Opera] [MERIAN-TopTen] 39, *39*

126 REGISTER: Orts- und Sachregister

Nebenkosten 107
Nēiburgs [H] 25
Neues Rigaer Theater [Jaunais Rigas Teātris] [MERIAN-Tipp] 38
Neues Schloss [Sigulda] *78/79*, 91
Notruf 107

Öffentliche Verkehrsmittel 110
Okkupationsmuseum [Latvijas Okupācijas muzejs] [MERIAN-Tipp] *9*, 75
Oper 37
Ordensburg [Sigulda] 91
Osīris [R] 19, *23*
Otella [R] 19

Pārdaugava 59
Parlament [Saeima] 59
Pelmeni XL [R] 22
Pienene [R] 25
Pinot [R] 18
Pirosmani [R] 21, **85**
Politik 97
Post 107
Pulverturm [Pulvertornis] 60
Puppen-Museum [Leļļu māksalas muzejs] 46

Radi un Draugi [H] 15
Radisson Blu Daugava 1 [H] 4
Radisson Blu Elizabete Hotel [H] *12*, 14
Rainis-Denkmal 60
Rathaus 60, *61*
Rathausplatz [Rātslaukums] 60, *61*
Raw garden [R] 26
Reisedokumente 108
Reiseknigge 108
Reisewetter 108
Religion 97

Restaurants 18
Riga [H] 14
Riga Black Magic Bar [R] 23
Riga-Card 71, **108**
Riga Kongresszentrum 39
Riga Motormuseum [Rīgas Motormuzejs]
Rigaer Jugendstilmuseum [Rīgas Jūgendstila muzejs] 76
RIIJA 26, *27*
Roland-Statue 60, *61*

Schloss [Rīgas pils] [MERIAN-TopTen] **61**, 81
Schmuck 33
Schuhe 33
Schwarzhäupterhaus [Melngalvju nams] [MERIAN-TopTen] **62**, *62*, 69
Siegesdenkmal [Uzvaras piemineklis] 63
Sigulda *78/79*, **90**, 92
Sinfonietta Rīga [Spīķeru Koncertzāle] [MERIAN-Tipp] **37**, 64
Skyline Bar *34*, 36
Slāvu Restorāns [R] 21
Sommerhaus von Jānis Rainis [Jūrmala] 87
Spaziergänge 80
Speicherkomplex [Spīķeri] [MERIAN-TopTen] **63**, 84, *84*
Sprache 97
Sprachführer 100
St. Georgikirche [Sv. Jura baznīca] **64**, 80
St. Jakobikirche [Sv. Jēkaba baznīca] 64
St. Johanniskirche [Sv. Jāņa baznīca] 65, *81*
St. Petrikirche [Sv. Pētera baznīca] **65**, 80

Stadtmuseum [Jūrmala] 87
Stadtrundfahrten 109
Stolle [R] 23
Strand von Vecāķi [MERIAN-Tipp] 45
Studio Naturalis 26
Synagoge Peitav Shul 54, **66**, 85

Taxi 110
Telefon 109
Theater 37
TIA [H] 15
Tiere 109
Traktieris [R] 21

Überlandbusse 110
Übernachten 12
Una Vita [MERIAN-Tipp] 33

Vāgnera 66
Vecmeita ar kaķi [R] 21
Verkehr 109
Vērmanītis [R] 21
Verwaltung 97
Vidzeme Markt 32
Vīna Studija [R] *20*, 22
Vincents [R] **18**, 82
Vorwahlen 109

Wirtschaft 97
Wöhrmannscher Garten [Vērmanes dārzs] 66

Zeit 110
Zeitungen 110
Zentralmarkt [Centrāltirgus] [MERIAN-Tipp] 32, **67**, *67*
Zilā Govs [R] 20
Zirkus [Rīgas cirks] 46
Zoll 110
Zoologischer Garten [Zooloģiskais dārzs] 47